ウェッジ文庫

余はいかにして鉄道愛好者となりしか

小池　滋

ウェッジ

目次

余はいかにして鉄道愛好者となりしか

序　章　余はいかにして鉄道愛好者となりしか

貨物列車の音とともに

子供ならともかく、いい年齢《とし》をして白髪頭《しらがあたま》になりながら、汽車ぽっぽに熱を上げているのは、どういうわけだ――と、しばしば聞かれることがある。答えは至極簡単。鉄道線路の近くに生まれたから。それも、普通の線路ではない、一風変わった線路なのであった。

私が生まれたのは一九三一年（昭和六年）七月十五日、場所は当時の呼び方によると、東京府荏原《えばら》郡品川町大字三ッ木――現在では東京都品川区西品川二丁目である。近頃のように誰も彼も産婦人科病院に入院して子供を生むわけではなく、入院はよくよくの異常の時であって、通常は自宅に産婆さんを呼んで分娩が行なわれるのだった。だから私も、自宅の一室で生まれ、そこに置かれた木のたらいの中で、多摩川から引いた水道の水で産湯《うぶゆ》を使った。

この家の所在地は、現在で言うと、上を東海道新幹線、下を横須賀線電車や湘南新宿ラインが走っているJR線が、東急電鉄大井町線と下神明駅付近で立体交差するあたりである。当時はもちろん新幹線はない。在来線の方も品鶴線という貨物専用の省線（鉄道省というお役所の管理下にある）で、私鉄の方は目黒蒲田電鉄（通称目蒲電車）大井町線の戸越駅と呼ばれていた。次の駅がこの線の終点大井町で、そこには省線の東海道本線の列車が走っているが大井町駅には止まらない。止まってくれるのは京浜線（現在でいうところの京浜東北線）の電車だけ、というのは、今も昔も同じである。大井町駅の省線の線路脇には、広大な敷地を持つ省線の大井工場があった。現在はその敷地の一部が住宅になったり、区役所になったり、山手線の二階建ての電車車庫になったりしているが、当時は全部が工場によって占められていて、主として客車と電車の修理・点検の仕事をしていた。

以上がわが家の周辺の大ざっぱな説明であるが、品鶴線は品川と大崎を新鶴見操車場へと結ぶ貨物専用線だったから、昼も夜も蒸気機関車の引っ張る貨物列車が、電車や客車列車よりもゆっくりした、単調なリズムを刻みながら通り過ぎた。というわけで私はオギャーとこの世に出て来た瞬間から、貨物列車の音を聞いていたことになる。いや、最近の研究によると、母親の胎内にいるうちから、赤ん坊は外の音を聞いているのだそうだから、生まれる前から貨物列車の音を聞いていた、と言った方が正確であろう。

いまでは貨物列車そのものが減ってしまい、残ったものもほとんどが幹線の大ターミナルを結ぶ高速貨物列車で、車輛もボギー台車をはいたコンテナ車やタンク車が多いから、貨物列車の音も客車列車とあまり大きな違いはない。ところが、当時の貨車はほとんどが四輪単車であって、スピードは客車や電車に比べて格段に遅かった。引っ張る機関車も貨物専用で、独特の音をたてながら、ゆっくりやって来る。機関車も貨車も重いから、線路にズシンズシンとその重みが伝わり、地面が小きざみに震動する。

私の家は安い木造だから、貨物列車そのものの音がまだ聞こえないうちから、窓ガラスのビリビリふるえる音で、列車が近づいていることが分かった。それから蒸気機関車のシュッシュッポッポの音がだんだんに大きくなる。機関車が通り過ぎると、次に貨車の車輪がほぼ等関係でダン、ダン、ダンといつまでも続く音をたてる。慣れというものは恐ろしいもので、私はそれをうるさいとか不快とか感じたことはない。むしろその音を待ちこがれたことさえあった。

誰でも子供の頃、真夜中にふと目を覚ました時の不安な気持を思い出すことができるだろう。あたりがしんと静まり返って物音ひとつしない。そういう時に限って便所へ行きたくなるのだ。横に寝ている母親を起こして、一緒について行って貰うのもみっともないし、小言《こごと》を喰うにきまっている。小さな家で便所まですぐなのだが、障子をあけて真っ暗な廊下を歩くのがこわい。たまたま風が吹いて、庭の枝のざわざわする音が聞こえると、ますます恐怖がつのる。

そうした時に、窓ガラスがビリビリ小きざみに震《ふる》え出すと、本当に助かったような気になる。貨物列車の音が続いている間に小走りに便所へ行き、用を足して急いで戻ってふとんの中に潜り込んでしまえばしめたもの。こればっかりは電車や客車列車では、とうてい無理な話である。私が貨物列車に感謝したのは当然のことであり、愛着を抱くようになったのも案外こんな、たわいのない理由からかもしれない。しかし、いつまでも音だけで満足はしていられない。現物を直接にこの目で見ないと気が済まなくなって来る。

というわけで、外を出歩けるようになると線路ぎわに連れて行って貰い、通り過ぎる貨物列車を眺めていた。貨物線のことだから、線路脇の柵《さく》も実にお粗末なもので、古くなった枕木《まくらぎ》の表面を黒く焼け焦《こ》がして立て、それを横木か太い針金で結んであるだけだ。私の背丈《せたけ》はまだ枕木の高さより上にはなっていなかったから、黒い枕木と枕木の間の狭いすき間から線路と、通過する列車を眺めるしかなかった。あまり柵に近寄りすぎると手や着物が汚れて叱られるから、少し離れて立っていたわけである。

よく「原風景」とかいう言葉を耳にすることがあるが、私に関して言うならば、黒い枕木の柵の間から眺めた品鶴線の線路と列車が、まさにそれだった。そして、この姿勢がその後の私の鉄道に対する姿勢を決定づけてしまったのだから面白い。子供の頃のある時期に、将来は鉄道員になろうと憧《あこが》れたことはあったけれども、結局のところはプロの鉄道マンにはならなかった。いまでも私は鉄道をいつも部外者として、アマチュアとして、金を払って利用する側の人間として、つまり柵の外の人間として眺めている。柵の中に入ろうとはしないのだ。

夢は貨車に乗って駆けめぐる

初めのうちは親や兄に連れられて、やがてひとりで行けるようになると自分一人で、よく品鶴線の線路ばたへ出かけて行った。その頃は自動車などあまり走っていない地域だったから、親も平気でいられたのだろう。なにしろ、お医者さんの往診も人力車《じんりきしゃ》だった。一人だけ小さなオースチンの自動車を持っていた医者は、よほど偉いのだろうと思われていた。近くの商店もみな大八車《だいはちぐるま》か、自転車にリヤカーをつけて物を運んでいた。一軒だけオート三輪（ダイハツという名前だった）を持っていた肉屋は、お金持と見られていた。道も狭いのでバスや大型トラックは通れない。バスを見たければ賑やかな駅――五反田か大井町――まで行かなくてはいけない。最《も》寄《よ》りの大崎駅にはバスは来ていなかったのだ。

私のおきまりの場所は、目蒲電車の戸越駅の近くにある、品鶴線の住吉踏切だった。ここは線路が四本あって、二本は品川へ行く線で、もう二本は坂を下った先の大崎へ行く線である。四線がもう少し先――つまり鶴見寄りで二線に合わさる（現在はこのポイントは少し品川寄りに移っている）。品川へ行く線二本と大崎へ行く線のうちの一本の上には電線が張ってある――この理由は後で説明する――のだが、電車は全く来ないし、電気機関車の引く列車もめったに来ない。ほとんどは蒸気機関車の引く遅い貨物列車だった。

蒸気機関車は後で知ったところによると、九六〇〇型というものが主力で、たまに新しい――といっても出来たてではないが――D五〇型が来た。どちらもカマが太く、車輪が小さい、いまでいうなら短足《たんそく》で、格好は悪いけれども力強さにはこと欠かない。それでも長い重い列車を引くのであるから、いかにも苦しそうに見えた。もっと後になると新しく製造されたD五一型とかC五八型とかいうのも、たまにはやって来るようになった。これは九六に比べると実に美しくモダンで、洗練されているようだったが、どういうわけかダサイ（という言葉はもちろん当時はなかったけれども）九六に愛着が湧いた。戦争が長びくにつれてだんだん九六の姿が見えなくなると（中国へ送られたのだ、とか聞いた）、さびしい気持になった。

そのうちに子供ながら、同じように見える貨車にいろいろな違いのあることに気づくようになった。屋根のある箱形、屋根のないむき出しの車、ほとんど黒く塗られている中に時どき白塗り（それも煤で薄汚れている方が多い）の車、つまり冷蔵貨車がまじっている。圧倒的に多い木造車の中に、鉄張りの車が挿まれていることがある。横腹の板がすけて向こうが見通せる車（通風車）、牛や豚を乗せている車、鉄のタンク車、それから車掌の乗っている車。

高架橋の上を通っている大井町線の電車は一輛か、せいぜいが二輛連結で、しばらく見ているうちにすべての車の種類と番号がわかってしまう。それに反して貨物列車の方は毎回ちがった車が見られる。同じ時刻に通る列車でも、日によって全然ちがう。しかも、冬などは東京で雪がまだ一度も降らないのに、屋根に雪を乗せてぽたぽた水を垂らした車がやって来る。よほど遠い北の国から長い旅をして来たにちがいない。そしてこれからどこまで行くのだろうか——と考えていると、無限に楽しい想像が伸びて行く。私の「旅への誘《いざな》い」は、文字通り貨物線の脇でかき立てられ、ふくらんで行ったのである。

字が読めるようになると、横っ腹に書かれてある暗号のような片仮名と数字が、これまた私の好奇心をかき立てずにはいられない。そして暗号と車の形との間の関連が、少しずつ明らかになって来た時の嬉しい興奮は、いま思い出してもワクワクする。なぜ屋根がなくて砂利を積んでいる車が「ト」なのか、そこまでは分からないが、ともかくトがつくのは屋根のない貨車だ、という一つのルールが頭の中に成立する。

もっとも、子供の頭で簡単に理解できるほど単純なルールではなかったから、いろいろ混乱があった。牛が乗っているのが「カ」なのに、「ウ」という車があって、当然これは牛が乗っているべきだと思っていたのに豚が乗っているとは、何とも理屈の合わない話だ、と腹を立てたりしたものである。「パ」(家禽車)とか「ポ」(陶器車)とかいうのが、本当にたまにやって来ると、これは何のための車なのか完全にお手上げになった。

漢字が読めるようになると、片隅に書いてある修理点検した工場の名前に目がひきつけられた。「旭川工」「小倉工」など、海で隔てられている土地の車が、どうして東京を走ることができるのか不思議でたまらなくなって、兄に尋ねてみると、貨車だけは鉄道連絡船に積んで自由自在にどこへでも行けるのだ、との答えであった。どんな偉いお客でも乗り換えなくてはいけない北海道、九州、四国さえ、貨車は大威張りで行けるというわけで、私の貨車に対する尊敬の念は、またまた高まったわけである。じゃあ、こっそり貨車に潜り込めば、ぼくだって行けるじゃないか、と考えたものだが、もちろんそれは夢のまた夢にすぎない。

後になってアメリカにホーボーという人間がいたことを教えられた時、私の子供の時の夢を実際に行動に移していた連中に対して、その勇気に脱帽した。もちろんホーボーというのは不況で職も家も家族も失ってしまった悲惨な人たちだから、夢なんぞという甘いものではなかったろうが、どこへ行くかわからない貨車に自分の運命を託して、未知の自由に憧れるという意味では、確かに夢であった。アメリカン・ドリームと呼ばれていたものが、次から次へと消えて行ってしまったあげくの果てに、最後に残ったのが行方《ゆくえ》も知れぬ貨車による旅だった。

ホーボーという英語は日本語の「方ぼう」から出たのだ、ともっともらしく説明していた人が昔いたが、これは本当ではないらしい。が、貨車というものがともかく方ぼうどこへでも行ける自由を持っていることは、少なくとも当時の日本ではアメリカと同じで間違っていなかった。狭い日本というけれども、北の端《はし》から南の果

大恐慌時代、列車にただ乗りするホーボーを描いた『北国の帝王』（ロバート・アルドリッチ監督、1973年）

てまで、どこへ行くかわからない、というのは素晴らしい魅力ではないか。

電車、客車、機関車は所属するマイホーム周辺の、初めからきまった路線を、きまったパターンにがんじがらみ縛られて走らされるのだから、いわば私の父や近所の家のおじさんたちを含めたサラリーマンの日常的ルーティンに似ているが、貨車だけは同じゲージ（左右のレールの間隔）ならどこにでも行けるし、行った先からすぐ基地に戻ることなく、また別のどこか知らぬ所へ行ってしまうこともある。何という自由だろうか。

まさか小学生である私が家出して貨車に潜り込むことはできないが、少なくとも家を中心にして、鉄道線路を見に行く行動範囲を少しずつ拡げるくらいのことはできた。夕飯に間に合うよう帰れば親は心配しないのだから、私はよく一人で——というのは、当時は鉄道に夢中になるような子どもは少なかった。ほとんどの男の子は軍艦や飛行機の方に関心を寄せていたから——大井工場や大井町駅の方へと出かけて行った。

よそ行きではない姿の車輛

大井町駅からJRの線路の東側に沿って品川の方に向かう細い道がいまでもある。いまは賑やかな店が並んだりして人通りもかなり多いが、当時は普通の家ばかりで、自転車すらあまり通らない淋しい道だったし、そのうえ東海道線と京浜線、さらにその向こうの大井工場構内まで見下ろせる絶好の場所だった（前にも書いたように、現在ある山手線電車の車庫は当時はまだなかった）。

ここはその頃としては日本最高の列車が通る花道であった。流線型の電気機関車EF五五型に引かれ、白・青・赤（つまり一・二・三等）の帯をつけ、最後部にバルコニーを持つ展望車を従えた、特急「つばめ」（神戸行）や「富士」（下関行）が堂々と通る。電車列車としては最も速い横須賀線が通る。これは三等車ですら向かい合いの椅子（つまりクロスシート）がついているという豪華さで、まだ木造車が混っていた山手線や京浜線の電車とは桁《けた》ちがいだ。何よりも全車が円屋根（シングル・ルーフ）ですっきり揃っているのも素晴らしい。先頭車が首を横に振りながら突進して来るのは、まさに偉観だった。

ゆっくりした貨物列車ばかり見慣れていた目には、この本線の風景は驚きに近

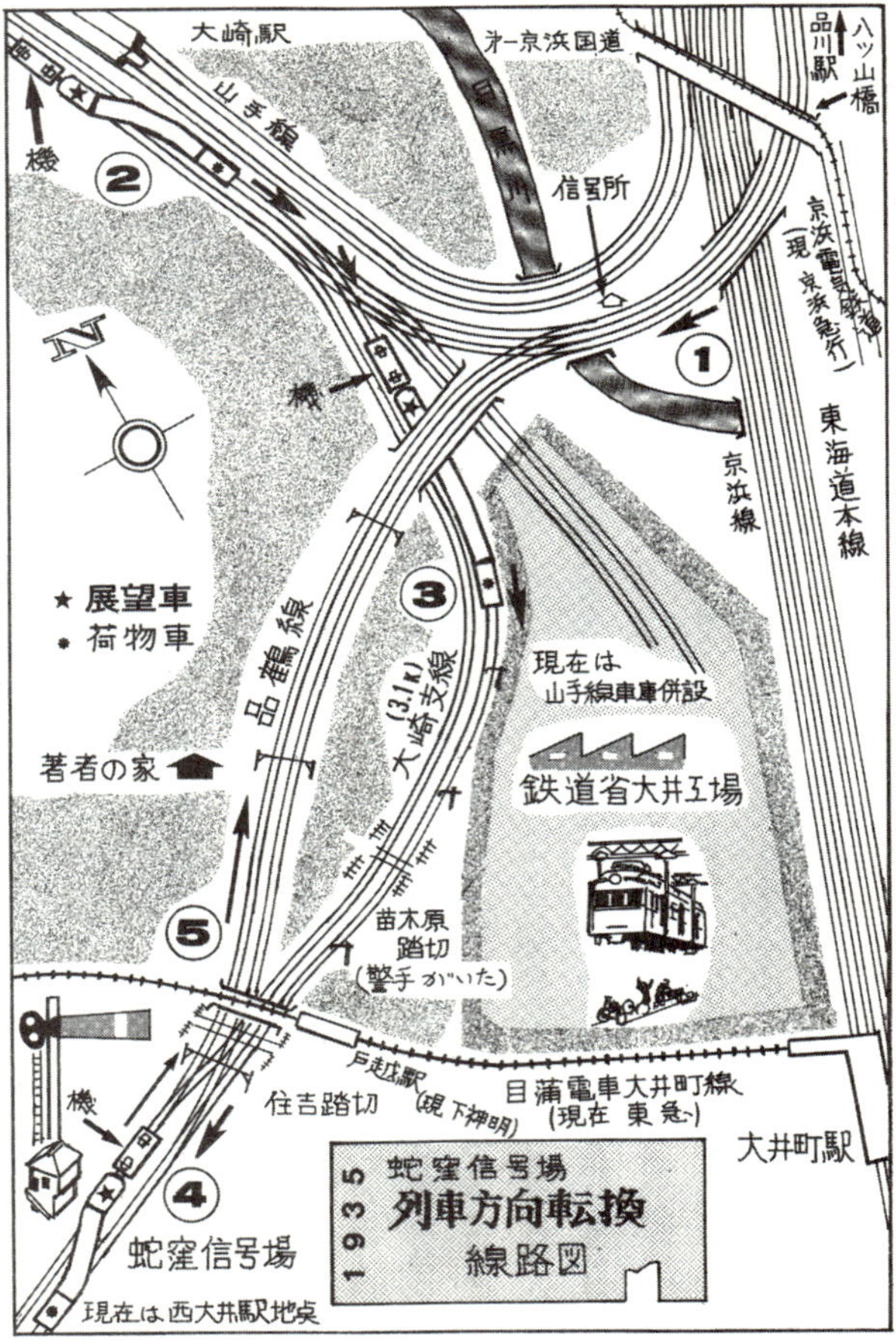
大崎駅
山手線
第一京浜国道
目黒川
信号所
品川駅
八ツ山橋
京浜電気鉄道
（現 京浜急行）
東海道本線
京浜線
機
N
★ 展望車
● 荷物車
品鶴線
（3.1k）
大崎支線
現在は
山手線車庫併設
鉄道省大井工場
著者の家
苗木原
踏切
（警手がいた）
戸越駅
（現 下神明）
目蒲電車大井町線
（現在 東急）
住吉踏切
大井町駅
蛇窪信号場
現在は西大井駅地点
1935
蛇窪信号場
列車方向転換
線路図

かった。裏の路地から都大路に出たような、大げさな言い方をすればカルチュア・ショックであった。確かに東海道本線と品鶴線の関係は、表通りと裏通り、玄関とお勝手口のようなものだ。だから、その両方を毎日のように見ることができる土地に住んでいたということは、普通の東京市民にはない特権（?）であった。普通の人が毎日見ている鉄道とは、お金を払ってくれるお客を迎えるよそ行きの姿である。あるいは、きれいにお化粧した役者や芸者の姿である。楽屋裏でお化粧を落とし、半分裸になったしどけない姿の鉄道車輛というものを見るチャンスというのは、そう誰にでも与えられるものではない。私が鉄道に異常なまでの関心を抱くようになったのは、その表通りと裏通り、他所《よそ》行きの姿と普段着《ふだんぎ》の姿の両方を、いつも見比べていたからであったろうと思う。

　お勝手口の品鶴線だから、当然のことながら日常生活に必要な物資を運ぶ貨物列車が通るのが中心となる。ところが、黒一色の見映えのしない列車の単調さを破るものが、時どき現れて私を喜ばしてくれた。一つは特急列車の方向転換のための回送である。

　これは鉄道ファンでも昔のことをよく知っている人でないと、いまではご存知ないだろう。当時でもごく一部の人しか知らなかったはずだ。「つばめ」と「富士」

の二大看板特急列車は、下りも上りも、機関車、荷物車（「つばめ」の場合は三等車と半分ずつ）、三等寝台車、三等車、食堂車、二等車、二等寝台車、一等寝台車、一等展望車の順で並んでいる。（「つばめ」には寝台車はついていない。）とすれば、当然のことながら、どこかで一列車分全部を逆方向に直さないといけない。東京ではそのために品鶴線の一部が使われていたのである。（地図を参照のこと）

上り「つばめ」が東京に到着するのが午後五時、翌日下りとなって出発するのが午前九時だから、夜のうちに品鶴線を使う。だから子供の私がその現場を見ることはできず、いつもの貨車とは違う客車と電気機関車の音を聞くだけだった。ところが、上りが午後三時二五分に東京に着き、翌日の午後三時に下りが出発する「富士」（だから大井町で陣取っていると、それほど待たぬうちに下りと上りの両方を見ることができた）は、午後五時頃に品鶴線にやって来るから、夏ならば明るいうちに見ることができた。

大崎から蛇窪信号所までは電気機関車が後から押して、ゆっくりやって来る。そのためにこの線では下り線だけに電線があって、上り線にはないのである。途中警報器も何もない無人踏切があるので、先端の客車には係員が立っていて、プゥプゥとラッパを鳴らす。表通りを通る時の晴れ姿とは、およそ似ても似つかぬ、人っ子ひとりいないガランとした豪華客車が、本線とは違う超スロー・スピードで目の前を通り過ぎる。

電気機関車は毎日同じものが来る。最初はＥＤ五三型（アメリカ製）、やがてＥＤ五四型（スイス製。これが大変珍しい装置を持つ稀少品だということを知ったのは、廃車になった後のこと）、最後はＥＤ五六型（電気機械はイギリス製、それ以外はスイス製）を日本で改造した（そのためにひどく安っぽい格好になってしまった）ＥＤ二三型であった。当時の私には、お金を払ってほんものの「富士」のお客になるなんぞということは、一生起こり得ないことだと思えた（そして、その通りになってしまった）から、まさに高《たか》嶺《ね》の花を眺めているような心境だった。一等寝台車にはシャワーがついているんだってさ、というような伝説を半信半疑で聞いていた。

もう一つ、品鶴線の陰気な単調さを破ってくれるものは、軍用列車だった。日支事変が起こってしばらくすると、町会から時どき、本日何時何分頃に兵隊さんの列車が通るから、皆さん日の丸の旗を持って見送りに行きましょう、という通知がまわって来る。この時ばかりは線路端に立って列車を眺めていても、妙な目で見られる（実際子供ながら何度もうさん臭い目で見られたことがあった）ことがなく、お国のための立派な行為となるのだから、何はさておき出かけて行った。

軍用列車にもいろいろ種類があって、客車も木造・鋼製いろいろ、ほとんどは三等車の赤帯だが、時には半分二等の青帯がついている車もあった（おそらく将校用だろう）。もっと面白いのは客車の後に有蓋貨車（ワム）がついていて、その開いた扉から馬と兵隊の姿が見えた時で、見送り人の「万歳！」の声が一層高まって千両役者となった。

一度品鶴線全線に乗ってみたいというのが、子供の頃の私の夢だったが、それにはプロの鉄道員になるか、兵隊になるかのどちらかしかなかったし、かりにそうなったとしても、必ず品鶴線を通れるという保証はないのだから、これも極めて確率の低い話なのだ。そんな風にあきらめていた頃のある日曜日のことである。朝から貨物列車の音は聞こえず、電気機関車の引く客車の音ばかりがひんぱんに聞こえる。どこからか聞こえて来た噂によると、東海道本線の川崎あたりで事故があって、列車が全部こちらまわりになった、とか。

一生に一度のチャンス到来！　というわけで、早速昼メシもそこそこに家を飛び出した。大井町から京浜線の電車に乗ると、なるほど、川崎と鶴見の間で東海道線列車が脱線して上下線をふさいでいる。そのため横須賀線は横浜折返し、東海道線列車は横浜の西側にあるわたり線で貨物線に切り替えるため横浜駅は通過となっていた。だから大船まで行って上り列車に乗らなくてはいけない。

これだけの面倒とお金（子供運賃だから安かったけれども）の犠牲を払ったわけだが、それによって得たものはお釣りが来るほど、いまでも忘れることのできないほどの素晴らしい体験だった。私がいつも立って眺めていたいろいろな場所を、客車の窓から見ることができたのだから。プロの鉄道員か兵隊しか許されない線路の旅を、偶然のことから満喫《まんきつ》できたのだから。私の友だちの誰かが線路脇に立っていたら、手を振って得意になれたのに、とそれだけが残念だった。

ロンドンでも子守唄を耳に

私の家から大井町へ行く途中、大井工場の裏の柵の外を通る。しかも道が高い斜面の上を通っているので、工場の広い裏側が一望の下《もと》に見渡せた。そこには、表側の線路を他所《よそ》行きのすました姿で通っている客車や電車が、まったくなりふり構わぬ格好で寝そべっているのだ。床下の器具はなく、仮の不細工な台車をつけて、ドアも窓サッシュ（もちろん木の枠である）もはずされている。

もっと面白いのは、工場のいちばん裏手、つまり眺めている私にいちばん近い線路に、古びて赤錆びた蒸気機関車が二輌放置されていたことだ。一輌は五〇〇〇、もう一輌は三九五一という番号銘板がついていた。この二輌が鉄道の歴史の上で重要な記念物であることを知ったのは、ずっと後のことであった。五〇〇〇は明治五年の鉄道開業時に、イギリスから輸入したものだ。同時に輸入したタンク機関車一号は、神田の鉄道博物館（と当時は呼ばれていた）にデンと鎮座ましましていたし、『きかんしゃ　やえもん』の絵本によって、後に一般の人びとにもかなりよく知られるようになった。

だが、考えてみればすぐ分かることだが、いくら明治五年とはいえ、一輌の機関車だけで開業できるはずはない。他にもタンク機関車四輌、テンダー機関車二輌が一緒に輸入されている。つまり、彼らは「やえもん」の兄弟分に当たるわけだ。ところが、兄弟の方はうやむやのうちに消えてしまった。テンダー機のうちの第一号がこの五〇〇〇で、おそらく記念物として保存するために大井工場まで運ばれて来たのだが、結局厄介者扱いされていちばん奥の崖下に、文字通り日陰者の身をかこっていたのである。

一度は九州の島原鉄道に身売りされた一号機（国有後の番号は一五〇）が、運よく呼び戻されて博物館で余生を送ることとなったのに反して、ずっと官営線の所有として（主として関西方面で）働き、大正十年（一九二一）に現役を退いた後も、記念保存されるべく指定された幸運者五〇〇〇の方が、結局は見棄てられて赤錆になってしまったのだから、人間の運命と同じように、機関車の運命というものも分からぬものである。

三九五一は信越線横川と軽井沢の間の急坂路線のために、明治三十一年（一八九八）にイギリスから輸入した、アプト式の蒸気機関車のうちの一輛である。これだけでも充分保存記念する価値があるというものだが、当時の鉄道当局者にはそんなことを言っても馬の耳に念仏であったろう。

やがて軍用列車の通る時刻も知らされなくなり、東京初空襲（昭和十七年）の米軍機が大井工場（を狙ったのかどうかは知らないが）近くの民家に爆弾を落とすような物騒な時代となって、いつの間にか赤錆びた二輛の機関車の姿は消えてしまった。おそらく鉄屑として熔鉱炉の中へと放り込まれてしまったのだろうと思う。線路の脇に突っ立って列車を眺めているだけで、不審の眼で見られるような世の中のことだから、私もあまり目立つ行動はとれなくなり、隠れキリシタンならぬ隠れ鉄道ファンにならざるを得なくなった。

戦後になると、大っぴらに鉄道の写真も撮せるし、番号もメモできるようになった。おっかないお役所だった鉄道省（戦争中に運輸通信省、それから運輸省となる）も、時には愛想よくなって門戸をあけ、鉄道記念日その他のイベントの日には、工場や車庫などに一般市民を入れて見学させてくれるようになった。

しかし、私には昔の癖がしみついて離れなかったのだ。いつも柵の外から見ていたい。しかも、表側のきらびやかな装いを正面玄関から覗くのではなくて、裏側から、勝手口から普段着の姿を眺めたい。格好いい華やかな面よりも、亡びゆく枯野のような風景に興味が湧いて来る。明るい脚光まばゆい檜舞台よりも、薄暗い舞台裏や袖の方に、ついつい目が向いてしまう。

簡単に言ってしまえば「つむじ曲《まが》り」なのだろう。それは敢えて否定しない。皆がゼロ戦や戦艦〝長門〟の絵を描いている小学校の図画の時間に、蒸気機関車の絵を描いている人間は、確かにつむじ曲りだ。けれども、偉そうな説教をするみたいで面《おも》映《は》ゆいが、貨物列車や鉄道工場を見ていると、何か人生をしみじみと感じさせられるような気がする。

ともかく乱雑だが変化に富み豊かさがあるから。特急列車がいちばん典型的だが、横須賀線でも京浜東北線でも、ある列車につながれている車輌の数はいつも一定で、しかもその編成（車の順序）まで変わらない。これは当たり前のことで、それが不定ではお客が困るわけだが、眺めている方にすれば面白くない。意外性の楽しみがないからだ。

そこへ行くと貨物列車は、何が来るかわからないから、いつ見ても心がワクワクする。もちろん圧倒的に多いのは有蓋車と無蓋車、つまりワとトであるが（貨車の種類については一五八ページ付近参照）、それでも前に書いたように、どこの工場で点検を受けたかによって出身地がわかるのは面白い。貨車はゆっくり通過するから、ほとんどの字は読み取れたが、最後まで私を悩ませたのは「西鹿兒島工」だった。これは横に並べて書ききれないので、「鹿」と「兒」を縦に重ねて書いてあったのだ。「麑」？「西麑島工」か？　そんな場所どこにあるのだ？　悪魔の島とはまた恐ろしい――しかし、子供にとっては心躍るような連想をかき立てる名前ではないか。西の悪魔の島から送られて来た貨車の中には、何が隠されているのだろうか。

大崎駅を出発して上り坂をゆっくりと走り出す貨物列車は、とくに悪戦苦闘をしていた。雨の降る夜中に、例によって目が覚めてその音を聞いていると、苦しそうな九六の息づかいがいつまでも長々と続く。時どきダダダダダダダ！　と空転するが、そのたびごとにまた気をとり直して、再びボッ、ボッ、ボッと進みはじめる。

小学校で聞かされる修身の訓話（例えば小野道風《おののとうふう》と蛙）よりも、この音のドラマの方が私にとっては、はるかに真実味のある教えだった。昔むかし徳川家康とかいう人は、人間の一生とは重い荷物を背負って遠い坂道を行くがごとし、とか厳しいことを言ったらしいが、貨物列車はごとしではなく、文字通り毎日それをやっている。人間も時どき空転して、失敗挫折の苦《にが》い砂を嚙みしめながら、しかしそこで立ち往生することなく、また坂道を上らなくてはいけない――と、このお説教の方がずっと具体的で効果があるのではないか。

美しい色に塗られ、しゃれた格好の旅客列車、電車、快速、急行、特急、などなどにどんどん追い抜かれるのを、じっと側線で待つ口惜しさも人生にはこと欠かない。友人が次つぎにといい学校へ入り、会社で出世し、幸せな結婚をして行くのを見ながら、貨物列車に似た自分が情けなく思えることもあろう。昔は華やかな第一線で活躍し将来を約束されたエリートが、五〇〇〇機関車のように、窓際族以下の悲惨な運命に陥ることもあるかもしれない。

こう書いて行くとひどく説教じみて来るから、もうこの辺で切り上げるが、子供の私にとって品鶴貨物線と大井工場裏の風景は、実にありがたい、よい教師だったと今になって思い知らされている。貨物線という普通とは一味《ひとあじ》ちがった環境で幼年

『マダムと泥棒』（アレクサンダー・マッケンドリック監督、1955年）

から少年時代を送ったことは、私を鉄道好きにしてくれただけでなく、いかに生きるべきかについても考えさせてくれたわけだから、列車の音がうるさいなんぞと言ったら罰が当たる。実際うるさいと思ったことはない。逆に、あの音は子守唄でもあったわけで、聞こえないとさびしくなる。

初めて外国で一年暮らすことになった一九六三年（昭和三十八年）、ロンドン北西部の、セント・パンクラス駅からノティンガム、レスター方面へ行く幹線のすぐ横に下宿を見つけることができたのは、そういった意味で大きな幸せだった。お風呂場の窓からは、真正面に線路と腕木式信号機――『マダムと泥棒』という面白いイギリス映画の最後で大切な一役を買って出るあの信号機――が見える。もちろん一日じゅう風呂場にいるわけにはいかないが、夜ベッドに入っていても、信号機の腕木のカタンと動く音、遠くから近付く列車の音が聞こえるのは、子供時代を思い出させてくれた。もちろん、間もなくその音で、列車の種類、引いている機関車(本線の列車はすべてディーゼルで、入れかえ用のごく一部が蒸気だった)の種類も区別できるようになった。

いろいろ習慣の違いや、言葉の不自由から、下宿のおばさんと喧嘩になりかかったことがあるが、もしここを飛び出して、また別の下宿を探すとなったら、すぐ脇を線路が通っていて、腕木信号機があって、長距離・短距離・入れかえなど、いろいろの列車が見られる(あるいは聞ける)家など、いくらロンドン広しといえども、簡単には見つかるまい、と思うと急に弱気になってしまい、いつでも(たとえ向こうが理不尽だとわかっていても)こちらから詫びを入れることになったので、おばさんとの間は一年を通じて至極友好的であった。六年ほどしてからの夏休みに、再び短期間ロンドンを訪れる機会があった時、昔の下宿に寄ってみたら、おばさんは私に対して極めてよい記憶を持っていてくれたらしかったが、これは決して彼女の外交辞令ではなかったと思う。それもひとえに裏を走っていた鉄道線路のお蔭というものであろう。

「そんなに列車の音が恋しいのなら、テープに録音しておけばいい。好きな時に好きな音が聞けるじゃないか」と、おっしゃる人がいるかもしれないが、それでは駄目なのだ。音だけではもの足りないのだ。それと一緒に窓ガラスや家全体に、ある種の震動が来なくてはほんものとは言えない。線路は地面にしっかりつながっているのだから、大地を通した音でなくてはいけない。

だから、鉄道の好きな人は、いつも足が地についている着実な人で、絶対無軌道に走らない人だ——と、これはいささか手前味噌になりすぎたかな。

第一章　鉄道の旅あれこれ

紙の上の鉄道旅行

富士の山　夢にみるこそ果報《かほう》なれ
路銀《ろぎん》もいらず　くたびれもせず

江戸時代にこんな狂歌があったそうだが、子供の頃からの私の気持ちを、まるで、からかっているかのようである。

私は小さい時から旅行が、とくに鉄道による旅行がメシより好きだったが、小学校から中学校にかけての時代は、戦争中から終戦直後のすさまじい時代であって、メシを食うことすらままならぬ世相だ。用もないのに汽車に乗って旅をするなど、とうてい許されるわけがない。

だから、仕方なく代理旅行で我慢するしかなかった。手に入る限りの旅行記その他の文章、汽車の時刻表、地図などを眺めて、紙の上の空想旅行をやるわけである。戦争末期から戦後までは、もちろん時刻表や地図も売り出されないし、文章にしても、のんびりした鉄道旅行など描いたものはごく少ない。

従って、当然のことながら過去の時代のものに目を向けることとなった。戦前の時刻表を開いて、上野から青函連絡船を通って、北海道、さらにカラフトまでの鉄道旅行を、地図を脇に置いて楽しんだものだ。

しかし、数字だけの本と図形だけの地図では、いくら空想の力をはたらかせても限度がある。やはり、実際に旅行した人の文章を読んで、ある程度の事実の裏づけをして貰わないとだめである。というわけで、小学生である私は、あちこち探しはじめた。

すると、志賀直哉とかいう小説家の作品に「網走《あばしり》まで」というのがあることを知った。早速読んでみると、冒頭は明治末期の上野駅で、「私」と呼ばれる書き手が青森行の列車に乗り込む。「私」は日光へ行くつもりらしいのだが、表題が「網走まで」で「日光まで」じゃないのだから、きっとこれから上野、網走間の連絡船を含んだ鉄道旅行が描かれているのだろうと、胸を躍らせてページをめくっていった。

ところが、なんたることか！「私」は宇都宮で汽車を降りてしまい、物語もそこで終わってしまったのである。看板にいつわりありとは、まさにこのことだ。志賀直哉の嘘つきヤロー、ペテン師！口惜しまぎれに、以後絶対に直哉の書いたものなんか、読んでやるものか、と心に誓った。

もちろん、以後志賀直哉の作品は読んだし、「網走まで」も再読して、大きな感銘を受け、表題が「宇都宮まで」でなくて「網走まで」であることが大切なのだ、と自分でも納得がいったわけだが、小学生だった私に、そこまで分かるはずがない。

小学校の国語読本に「アジアに乗りて」と題する一文があって、満鉄の特急「アジア号」で満洲の大平原を旅する話が書かれていた。おそらく当局側のもくろみでは、青年を大陸開拓団に参加させる一つの刺激にしようというわけであったろうか。

最初にこれを読んで私は、すっかり興奮してしまって、ほとんど一字一句憶えるほど繰り返して読んだ。もちろん、機関車や客車についての詳しい描写がないのは不満だったし、駅についても何も説明がなくてがっかりしたが、ともかくこれを読んでいれば、せっせと勉強しているように見えてカッコがいい。実際は頭の中で時刻表に出ているアジア号の停車駅、発着駅（これもすべて頭の中に入っていた）と照らし合わせながら、ここの描写はこの辺で何時何分くらい――と、そんなことを考えていたのである。

その後、外国語を勉強するようになってからは、紙上鉄道旅行は世界にまで及ぶようになった。日本国内ではほぼすべての線路の上を走り、外国の線路もいくらかは実際に経験できたが、しかし全体に比べれば、まだまだ僅かな部分を乗ったにすぎない。あい変わらず路銀の調達には苦労するし、暇をみつけるのも大変だから、当分の間は夢の鉄道旅行、紙の上だけで我慢せねばなるまい。

小学校の時からあこがれていた「アジア号」の機関車だけは、最近生き返って、中国東北地方の線路の上を走れるようになったとか聞くが、残念ながらまだ見る機会がない。そのうち定年退職となったら、世界各国の鉄道を乗りつぶしに行くつもりだ、と言ったら、ある友人があわれむような口調で答えた。

「その頃、世界じゅうでどのくらい鉄道が残っているかなあ」

イギリスの秋の旅

私が生まれてはじめて外国に暮らす経験をもったのは、一九六三年（昭和三十八年）八月の末近く、一年間の留学のためにロンドンに足跡を印した時であった。北緯五〇度といえば、北海道よりずっと北なのだから、八月末といっても、日本でいう秋の気配で、日中でも暑いと思うことはなく、夜ともなればうすら寒い感じである。私もまわりの人と同じように黒い服を着込み、それでも不安になって早速長いトレンチコートを買った。

その晩、リージェント公園の野外劇場で、シェイクスピアの『夏の夜の夢』を見たが、夏の感じはまったくせず、買ったばかりのコートにくるまって、幕間《まくあい》にはあたためた赤ワインを飲んで、からだの冷えを防ぐというありさまである。ロンドンは日本人の目には、すでに秋の終わりのように見えた。

その年の夏、イギリスでは、赤字国鉄の将来をめぐって大きな論争がわきあがっていた。『イギリス国鉄の再建』と題する白書が出され、そこにはかなり思い切った大手術の計画が盛り込まれていたからである。巷《ちまた》の噂によると、経営合理化のために民間企業から招いた新総裁ビーチング博士という人は、たいへんな辣腕家《らつわんか》で、赤字線はどんどん廃止、赤字駅はどんどん閉鎖、スコットランドやウェールズの辺境は、ほとんど鉄道がなくなりそうとのことである。まさにイギリス国鉄にとっても、さびしい秋の気配がしのび寄っていた。

世界最初の鉄道の誕生地、長い伝統を誇るイギリスへいくのだから、せいぜい汽車に乗って国じゅうをまわろうか、と楽しみにしていた私にとって、なにやら怪しい雲ゆきになってきた。来年の六月までロンドンで勉強し、それから日の長い夏に鉄道旅行を、と考えていたのに、この調子では今年の厳しい冬を無事に生き延びられない路線も出てくるのではあるまいか——と、不安になった私は、早速例の『イギリス国鉄の再建』を買ってきて読んだ。

事態は思っていたより深刻だった。スコットランドの北の三分の一、有名なネス湖のあるくびれから北の方の路線は、すべて週（一日ではない）の平均乗客が五千人以下で、即刻廃止が予定されている、というのである。小さな枝わかれの支線ではない幹線とても容赦はしない。日本でいえば根室本線や宗谷本線のようなものにまで、死刑の求刑がなされているし、ビーチングならやりかねない、と私が尋ねる人は異口同音に答える。

ブリテン島最北端の駅サーソにいくのが、私の夢のひとつだったが、来年の夏では手遅れになるかもしれない。足もとに火がついたような思いにかられた私は、大学の新学期の開始が十月であるのを幸いに、まだ腰もあまり落ち着いていないロンドンを出て、北へ向かう列車の人となった。

ロンドンが私の目には秋の終わり近くに見えたわけだから、そこから北にいけばいくほど、ますますうらさびしい風景になるのは当然のことである。九月上旬だというのに、穫《と》り入れの秋、実りの秋の豊かな光景が窓の外にくりひろげられるわけではない。そもそも人の姿がめったに見えないのである。牛や羊でさえ、たまにしか見かけない。

客車のなかを見てもかなりの人が乗っていたのは、まだフェスティヴァルが開かれていたエジンバラまでで、そこから北へいくと、幹線の直通列車でもちらほらである。古い、コンパートメント式の客車で、日本流に考えれば四人ずつすわれるシートが向かい合った車室に、ほとんど一人きりでぽつんとすわっていると、ものみなすべて衰える秋のさびしさが、ひしひしと異邦人に襲ってくる。これは私が外国人であったからかもしれない。イギリス人はアメリカ人や南欧の人ほど人なつっこくないので、外国人が一人ですわっているコンパートメントは、ちょっとのぞいてから敬遠する。おそらくほかの車室は、もっと客が入っていたのだろうと思う。

インヴァネスと聞くと、私の子供のころでも相当の年輩の人でないと着ていなかった、黒っぽいマントを思い出す。その名が生まれた東海岸の町は、夏の間はネス湖観光の入口で賑わうのだろうが、九月になったせいか、駅もその付近もがらんとしている。それでも、ここまではロンドンから直通の寝台車が乗り入れているのだから、まだ中央とのパイプの末端であるわけだが、ここから北はまったくの別世界で、ビーチング博士の死刑執行のサインを待つ路線ばかりなのである。

インヴァネスから陸地を横切って、西海岸の港町カイル・オブ・ロカルシュへいく線には、一日三往復の列車がある。それと別に、東海岸とほぼ平行に北東に向かう線があり、インヴァネスから二三七キロほどのところにある分岐駅ジョージマス・ジャンクションで、北へいく線と東へいく線にわかれる。その北の終点がサーソ、東の終点がウィックである。こちらも日に三往復の列車があり、各列車ともジョージマス・ジャンクションで分割され、別々になって終点に向かうのである。

時刻表といろいろ相談した結果、もっとも時間の無駄が少ないと判断したコースにしたがって、私は午前八時四五分インヴァネス発の列車に乗ることにした。日本流に考えてディーゼルカーと思いきや、コンパートメント式の堂々たる客車がたった三輛、ディーゼル機関車に牽《ひ》かれてお出ましである。前二輛がウィック行、後部一輛がサーソ行、どの客車も日本式でいうとスロハフで、一等車室もつき、車端には乗客が大きな荷物などを置くスペースが取ってある。

北スコットランドの汽車の旅のすばらしさは、私の拙《つたな》い筆ではお伝えすることができない。海岸沿いを走ることはあまりなく、内陸の丘《おか》の起伏のあいだをのんびりといくのだが、日本とちがって険しい山や深い谷がなく、地形がすべてなだらかで、高い木や深い森もなく、全体が灌木《かんぼく》か草原でおおわれているのである。その気になれば、すべて牧場にできるのだろうが、放牧の牛や馬や羊も少なく、人家もめったに見られず、人の姿となると何十分たっても一度も見ないことがある。

アルプスの荒々しい岩だらけの山々を人間の青年にたとえることができるとするならば、ここのまるみを帯びた、なだらかな緑の丘は定年退職後の老熟した人間というべきだろう。穏和ではあるが活気は失せた——そう、まさに人生の秋を迎えた姿なのである。

こうした風景のなかに、単線(これはイギリスではかなり珍しい)のレールが、あまり自然の地形に逆らわぬよう、トンネルもなく、高い橋も作らず、適当に右に左にカーブして、どこまでもつづいている。自然を征服するのではなく、自然にうまく調和して、自然の一部となって共存しているかのようである。これまた人生の秋を迎えた熟年の英知のようでもある。

例によって車内も静まりかえっている。私の車室は最初から最後まで一人ぼっち。ほかの車室もちらりほらりのようだ。一日三往復とはいえ、一等つきの堂々たる客車たった三輛を、ディーゼル機関車が牽《ひ》くのだから、週平均五千人以下のお客では赤字は当然のこと、ビーチング博士でなくても廃線にしたくなるであろう。

ジョージマス・ジャンクションは分岐駅といっても、だだっ広い野原のなかの信号場といったほうがよく、もう一輛のディーゼル機関車が後部にとりつき、切り離されたたった一輛のサーソ行客車を牽《ひ》いて、逆方向に走り出した。このぜいたくな列車は終点サーソに午後一時〇五分到着、折り返し一時一五分発車である。私もこれを逃すとその後のプランが崩れてしまうので、せっかくきた北端の駅にも、十分しか足をとめることができなかった。

帰りの列車がインヴァネスに近づき、日が傾きはじめると、一日じゅうほとんど口もきかなかった私は、ふとホームシックにかられたのか、〽夕空晴れて、秋風吹き——と歌い出しかけて、あっ、これはスコットランドの曲だった、と気がついた。

（追記。この線は廃止を免れ、現在でも一日三往復の列車が走っている。）

ぜいたくな各駅停車の旅

ある時、飲み屋で偶然居合わせたお客さんと世間話をしているうちに、その人が言い出した。

「特急や急行に乗るのに、余計なお金を払うのはおかしいですね。鉄道職員の給料は、一日何時間労働と、時間単位だから、長く時間のかかる鈍行の方が余計に人件費がかかるはずだし、燃費だってブレーキのすりへる量だって、たくさん止まる方がより大きいはずじゃありませんか。特急の方こそ安くしてもらいたいくらいだ」

なるほどタクシーは、止まっている時間やノロノロ運転の時は、時間当たりいくらかの運賃が加算されて高くなる。鉄道と自動車を一緒にするのは乱暴だが、先のような素朴な疑問が出てもおかしくない。

特急料金を取る側の言い分は、お客の時間のロスをそれだけ少なくしてあげているのだから、その分のお金を頂くのは当然ということになろう。つまり、旅行をしている間は時間の無駄遣いなのだから、少ないほどいい、という前提に立っている。

確かに、用事で旅行する人にとっては、目的地に着くまでの時間、帰る時の時間は無駄であろう。では、楽しみのために旅行する人、列車の旅そのものが楽しみだという人はどうか。そういう人は絶対に特急や急行に乗らないかというと、そんなことはない。

ここに奇妙なジレンマがあるのだ。時間つぶしの旅だ、レジャーの旅だと言いながら、その時間をできるだけ少なくするために、「効率」よくつぶすために、高いお金を余計に払うというのは、どうもおかしい。でも、おかしいと文句を言う人は極めて少ない。

人生は終着時刻が分かっていない、何とも不安な旅なのである。それなのに――いや、そのためにだろう――だれもが特急コースに乗ろうと必死になる。ところが高い代価を払って乗る特急は、実は安いコースかもしれないし、遅れても払い戻しはない。本当にぜいたくで得《とく》なのは、各駅停車の人生ではあるまいか。

楽しいコンパートメントの旅

私が旅をしていて、ほんとうにくつろげる場、心理的に安らぎを覚える所は、ヨーロッパのやや古い客車に見られる、コンパートメントと呼ばれる客室である。

これは最近日本の鉄道でも、少数ながら見られるようになった。個室寝台車のように、車の一方の側に廊下があり、そこから個々別々の部屋に入るような設計である。個室といっても寝台に限るわけではなく、三人ないし四人が座る座席が向かい合っているので、六人から八人が定員である。

廊下に通じるドアを閉めてしまえば、完全な密室となる。もちろん、そのドアにも、廊下側の壁にも、ガラス窓はついているから、見ることはできるが、音は遮断される。

というわけで、既に二人か三人が座っているこの車室に、一人ぼっちの客が新たに入るに際しては、いささかの気おくれを感じることがある。そしてまた見知らぬ客同士が、狭い密室の中で顔をつき合わせたり、並べたりしながら、何時間か座っていることについても、心理的圧迫を感ずる人もあるだろう。

ことに日本人旅行客は、こうした形式の座席に慣れないということもあって、コンパートメントに恐怖さえ覚える人がいる。そして同室の客についても、それぞれのお国柄によって、大きな差が生じることを体験するのである。

多くの日本人が帰国後に語る印象によると、いちばん評判がいいのはアメリカ人旅行者で、次がスペインやイタリアなど南欧の人、そしてもっとも評判が悪いのがイギリス人のようである。

アメリカ人や南欧の人は、こうした車室で同席した場合、すぐに気やすく話しかけてくれる。言葉が通じる通じないはおかまいなしで、いざとなれば身ぶり手ぶりだけでも、お互いに何とか気持を伝え合って、仲よしになってくれる。

ところがイギリス人ときたら（と、多くの日本人旅行者が顔をしかめる）、何時間でも黙ったまま知らん顔のまま。では、全然無関心かというとそうではなくて、前に広げた新聞の陰《かげ》から、ちらちらとこちらをうかがったりしている。まったく不愉快だ。

以上が大方の日本人の印象で、私もその通りだと思う。でも、こうした印象が生まれたもともとの原因をよく考えてみると、相手が何国人であれ、こちらから最初に何らかのはたらきかけもしていない、という事実に到達する。日本人はいつでも、相手が最初に声をかけてくれるのを期待しているのである。

だから、気軽に対話（話しができなければゼスチュアだけでもいい）の口火《くちび》を切ってくれる人が「いい人」で、いつまでもそのきっかけを与えてくれない人が「いやな人」ということになるのであろう。

とすると、その「いやな人」の最悪の例であるイギリス人は、私たち日本人にもっとも似ている人、ということになるのではあるまいか。相手からのはたらきかけを、いつまでも待っている、という点で共通しているからである。

イギリス人が新聞の陰からこちらをちらちら覗いているのは、「あなたの方から口火を切りませんか」というサインなのかもしれない。「あなたは、ひょっとしたら孤独が好きな人で、人まえで話しかけられたりするのを嫌う人かもしれませんね。だから、こちらから話しかけるのは遠慮しています。しかし、もしあなたが対話を望んでいるのなら、喜んで相手になりますよ」と。

現に、三時間以上黙ってにらめっこをしていたイギリス人に、試しにこちらから話しかけたところ、無愛想どころか実に人なつこい人で、とうとうその人の自宅にまで呼ばれて、生涯の仲よしになった――こんな経験を私は持っているし、何人かの日本人からも聞いたことがある。

このような面白いドラマが生まれるのも、コンパートメントという閉ざされた空間なればこそである。前向きの席がずらりと並んだ、まるで映画館か公会堂みたいな、巨大なジェット機や新幹線の普通の客室では、とても無理な話である。

人それぞれの気質・気分に応じて、黙ってにらめっこをしてもよし、愉快に話し合って意気投合、酒を汲み交わしてもよし、自在な時間の過ごし方ができるのが、半分公開で半分私的な、コンパートメントという空間の特色だと思う。こんなに自由で気楽な場所はそうめったにない、と私は思うのだが、いかがだろうか。

旅は駅弁連れ世は楽し

鉄道マニアとは？――と問われると、よく「鉄道がメシより好きな人」という答がかえって来る。もしこの定義が正しいとするならば、残念ながら私は鉄道マニアと呼んでもらう資格がない。なぜなら、鉄道も好きだが、メシを喰うのも大好き、という欲張った人間だから。だから、鉄道を楽しみながらメシを喰うことができれば、最高の幸福ということになる。客車の中に座って弁当をひろげ、お酒と一緒にムシャムシャやっていれば、その弁当が冷えていようと、お酒が安いお粗末なものであろうと、一向に苦にならないから、われながらいい気なものだと笑い出してしまう。

もちろん、その「弁当」というのは駅弁のことである。これまで、どれほどの数の駅弁を食べたか、自分でも憶えてはいない。可能な限りはその包み紙を持ち帰り、保存してあるが、その数もわからないし、整理も充分にはできていない。うっかり整理をはじめると、それを買った時の思い出にのめり込んでしまって、時間ばかりかかり、他の仕事が手につかなくなるからである。

駅弁紙の日付を見ていると、一日に五つも六つも買っていたことがあって、われながらあきれる。時には以前買ったことがない――従って、そこの包み紙がまだ私のコレクションに入っていない――という理由だけで買ってしまったことがある。買ってしまうと、戦中戦後に青春を過ごした人間の悲しさ、一粒残さず平らげないと悪いような気がする。さほど腹はすいていないのに、我慢して詰め込んだ記憶もある。

しかし、それは例外的ケースで、駅弁をひろげると、ほとんどいつでも食欲が出るから不思議だ。作家の宮脇俊三さんがよく書いておられるように、一日じゅう客車に座りっぱなしなのに、適当に空腹になる。家にいると、日に三度米のメシはとても食べられないのに、鉄道旅行をやっていると三度はおろか、四度も五度も駅弁がおさまってしまう。

よく人に尋ねられることがある。

「あちこちの駅弁を食べてみて、どこのがよかったですか?」

これが実は難問で、正しい答を出すことができない。というのは、飲食についての評価はいつもそうであろうが、その時どきによって判断が気まぐれ、まちまちで、客観的で一貫した基準などないからである。とくに鉄道旅行をしている時はそれがひどい。何かのはずみで、七時間も八時間も食べられないことがある。そんな時に口に入れた駅弁は最高の味がする。逆に一時間前においしいご馳走を食べたのに、先刻申したように包み紙に釣られて買ってしまった弁当は、かりに味がいくら上等でも、はしの進みが鈍《にぶ》くなってしまうのは、仕方なかろう。

その上、食べている時のこちらのコンディションも勘定に入れねばならない。満員の客車の隅っこで、汗と人いきれを嗅ぎながら駅弁をひらく時と、空いた車内でのんびりくつろいでいる時では、味覚が変わるのが当然だ。また弁当の調理から、こちらの手に入るまでの時間の違いも馬鹿にはできない。こんな風に考えはじめると、そもそも比較すること自体が、おこがましい行為のように思えてならない。

それに最近は駅弁の種類が多種多様で、昔は一般的だった「幕の内弁当」がむしろ珍しい存在となり、かつては「特殊弁当」と呼ばれていた「××すし」や「××弁当」が普通になっている。どこの弁当がうまいかの比較をするなら、当然「幕の内」だけを対象にせねばなるまいが、どこまでを正統的な「幕の内」に入れてよいか、これまた簡単に決められるものではない。

よく「駅弁の三種の神器」と言われる、どこの幕の内弁当でも必ずといってよいくらいお目にかかる誰にでも好まれるオカズであるが、これまた時代によって大きく変わるのも止むを得ない。戦後のある時期には玉子焼きとカマボコと魚肉ソーセージがそうだったが、いまは少し変わりつつあるのではないか。

戦前の駅弁を思い出してみると、三種の神器は塩ジャケと刻《きざ》みスルメとゴボウの辛い煮つけではなかったかと思う。塩ジャケが安い弁当のシンボルだった頃で、駅弁だけでなく、小学校の弁当でも幅をきかせていた。四切れ十銭の薄い切身を焼いて、ご飯の上にべったり押しつける、というのが、庶民の弁当の典型だった。

刻みスルメ——といっても、ご存知ない方がおられるかもしれない。そのくらいおなじみの薄いものとなってしまった。これが入った駅弁に出会うと、大げさに聞こえるかもしれないが、旧友と再会したようで、ついホロリとなってしまう。

スルメを細く刻んで甘辛く煮付けただけのことだが、銀のホイルの王冠の中に、黄金色《こがねいろ》のつややかな糸がからまって、天井の電灯の光に照り映えている。散りばめられた白いゴマ粒は宝石のよう。三等車で王者のご馳走が頂けるとは何たる光栄であろうか。

かつての薄暗い電灯が蛍光灯となったいま、刻みスルメが珍しいものになったのだから、ゴボウの煮付けに出会うことなどは、ほとんど奇跡に近い。キンピラではない。ゴボウを丸太を切るように、五センチくらいの長さに切り、それを二つに割ったものをショウ油で辛く煮たものである。実に素朴な味で、お酒のサカナに持ってこいなのだが、いまでは一般受けしないだろう。

だが、戦前の駅弁への追憶は、かならずしも甘い、楽しい味だけがこもるわけではない。駅弁は軍隊への連想が伴なうからである。駅弁屋は一般乗客に旅の楽しさを提供することだけを業務としていたと思ったら、大違いだ。日本の戦前の鉄道の重要な使命は、非常の際に、なるべく短い準備期間で、大量の兵員と機材を急いで運ぶことにあったのだし、事実、戦争の時にはその機能をフルに発揮させられた。そして、その際の兵隊の食料を受持つのが駅弁屋の仕事だった。具体的な例を知りたかったら、原田勝正さんの『駅の社会史』（中公新書）の一六〇頁あたりを読んでみるとよい。多くの兵隊にとっては、軍用列車でひらいた駅弁が、故国での最後の食事となった。また、駅弁を売る駅がどうやって決められたか（大学がある駅でしょう、という冗談が通用するのは戦後のことである）を考えてみると、そこに聯隊の存在が大きな要因となっていた事実に思いあたらざるを得ない。

映画評論家で大の駅弁ファンである瓜生忠夫さんの『駅弁物語』（家の光協会）によると、福知山線のそれほど大きくもない駅、現在の篠山口《ささやまぐち》に駅弁屋が誕生したのは明治四十年であるが、日露戦争直後のその年、この町に新しく歩兵第七十聯隊の設置が決められたのであった。かつて聯隊があった駅で、駅弁屋のないところを探す方が難しい。瓜生さんの調べでは、全国でたった五つしかなかったとのこと。

ヨーロッパやアメリカに駅弁に相当するものがあるだろうか。私も全部知っているわけではないから、自信を持って断言することはできないが、かなり珍しいケースであると思う。サンドイッチやソーセージをプラットフォームで売っているところは多いが、これは駅弁とは呼べまい。とすると、南ヨーロッパのフランス南部やイタリアの駅で買ったことがある「パニエ」が、駅弁にもっとも近いものであろうか。

パニエ (panier) とはフランス語で籠《かご》のこと、つまり英語のバスケットに当たる。ピクニックに出かける時に、バスケットの中にパン、肉類、果物、チーズやバター、ワインなどを入れて行くのが普通だから、「パニエ」はフランスでのピクニック用食料バスケットを意味する。

しかし、私がフランスやイタリアの駅のプラットフォームで買ったのは、竹や小枝を編んだバスケットではない。やや小ぶりの紙製のショッピング・バッグである。これで「パニエ」とは看板に偽りありだ、と怒る人もいない。なにしろ、ストローといってもいまでは藁ではなくてすべて紙の時代なのだから。

しかし、その紙袋の中に入っていたのは、偽りなくピクニックのお弁当そのものだった。バゲットかコッペパン、鳥のもも肉、ソーセージ。バターとチーズ、バナナかリンゴかオレンジ。そして、さすがに南国だけあってワインの小壜までついている。

ひょっとするとこれは、列車の中で食べるためにではなく、列車を降りてから後、どこか景色のよいところで食べるために売っているのかもしれない。でも、そんなことかまうものか。鉄道ファンにとってピクニックとは列車に乗っている時を意味するのであり、いい景色とは車窓から見た景色のことなのだから。ヨーロッパの車内で駅弁を開くのも、なかなかオツなものであった。

ネクタイ・ピンで世界鉄道旅行

お金と暇のない時は、いろいろな形で代償旅行をやるわけだが、その中でもっともてっとり早いものの一つが、鉄道に関係したネクタイ・ピン、ネクタイ・クリップのコレクションを眺めることである。

銀座の天賞堂の三階は、この店の本来の商品たる時計、貴金属などなどの一階の売場とは、かなり違ったおもむきを示している。第一に、お客のほとんどが男性なのだ。種を明かすと、鉄道模型、鉄道に関係ある図書・雑誌類の売場なので、ここに来る人のほとんどが、なんらかの形で鉄道に興味関心を抱いているのだろう。

だから、ここにいる人すべてが、何かを買おうと最初から決めてやって来たとは限らない。鉄道模型についての新しい情報や動向を求めに来る人もいるだろうし、同好の士のサロンのように思っている人もいよう。私自身も正直に白状するが、ここを訪れるたびに何かを買っているわけではない。だが、行くと必ず見るコーナーがある。

それが、いま述べた鉄道に関係したネクタイ・ピンやネクタイ・クリップのコーナーで、かなり前から私にとっておなじみの場所になってしまった。妙なたとえだが、行きつけの呑み屋かバーと同じで、つい足が吸い寄せられ、そこで足が止まってしまい、おもしろそうなものがあると、つい買ってしまう。

ウサギ小屋に住んでいる私は、家の中に模型鉄道の線路を広げて、そこで車輌を動かす楽しみにひたる余裕がない。しかし、ネクタイ・ピンなら、旧国鉄、私鉄、外国の鉄道の、機関車をはじめいろいろ、さまざまが机の引出しの中の車庫（？）に簡単におさまってくれる。それをとっかえ引きかえネクタイにつけて出歩くと、世界中の鉄道旅行——しかも現在はやろうと思ってもできない昔の旅行さえ自由自在なのだ。

旧国鉄のシリンダーが三つある蒸気機関車C五三型の引く、かつての東海道・山陽本線の列車を思い出して、普通のシュッシュッ、ポッポッとは違った、独特の三拍子のリズムが聞こえて来るような気がする。世界最大の蒸気機関車といわれた、アメリカの「ビッグ・ボーイ」（シリンダーが四つ、大動輪が十六！）、「クロコダイル（わに）」とあだ名されたスイスの古い電気機関車などなど、例をあげたらきりがない。

ところが、付けているご当人がいくら一人でいい気持になっていても、それに注目してくれるよその人がめったにいないのが、いささか不満なのである。時には——特にアルコールが入ると——「このネクタイ・ピンが目に入らぬか！」と大みえを切るのだが、水戸黄門の印籠《いんろう》のような威力を発揮したことは、残念ながらこれまで一度もない。

第二章　英語をまじえた鉄道物語

鉄道を造る前にまず英語の勉強

日本に初めて鉄道が生まれたのは、いまから百二十年前の明治五年（一八七二）のことだった。なにもかも、それまで日本にないものばかりだったから、いっさい外国人に教えてもらうしかない。ここでいう外国人とは、世界で最初に鉄道を生み出し、当時最高の技術を持っていたイギリス人のことである。

もちろんイギリス人は英語しか話さないから、鉄道について教わりたい日本人は、まず英語の勉強からはじめねばならなかった。というわけで、鉄道関係の言葉は、ほとんどが英語から借りて来て訳したもので、英語がそのまま日常使われるようになったものも少なくない。

施設のいくつかを取り上げるだけで、例はいくらでも見つかるだろう。レール(rail)ガード(girder がちぢまったもの)、トンネル(tunnel)などなど。これらを無理に日本語で言おうとすると、困ってしまうだろう。

鉄道という言葉も、英語の railway を、明治の日本人が苦心して訳して新しく作った日本語であった。機関車(engine)まくら木(sleeper)などもそうである。

station を駅、station-master を駅長としたのは、古くからある別の意味の日本語を借りて来て使ったものである。駅とは、もともとは人や荷物を運ぶ馬のうまやの意味で、そこの主人が駅長だった。菅原道真《すがわらのみちざね》が太宰府《だざいふ》へ行く途中、明石《あかし》の駅長と言葉を交わした、というとSFかと思う人がいるかもしれないが、ちゃんと古い歴史の本(『大鏡』)に書いてある。

明治のはじめの日本人の鉄道員たちが、イギリス人の先生から教えてもらう時に、どんなに苦労したか、想像がつくだろう。しかも、ほとんど耳から習うしかなかったのだから、わからなくて何度もききかえすと、先生はかんしゃくを起こして、どなったり、なぐったりした。

でも、耳から直接習った英語は、なかなか正確であった。例えば、当時の鉄道員は外国人技術者のことをインヂニールと呼び、そう書いた。これは engineer のことで、いまの日本人ならエンジニアと書くだろう。

だが、いまの日本人はジにアクセントを置いて発音するのが普通であろうが、これは正しくない。原語の発音は enginéer なのだから、インヂニールと書いて発音していた明治時代の日本人の方が、より正確であり、イギリス人には通じやすかったはずである。

このように考えると、駅のことをステンショと呼んでいた明治時代の日本人を、私たちは笑うわけにはいかない。キップ（ticket）をチケットと呼ぶいまの日本人より、テケツと呼んだむかしの日本人（映画関係の人には、かなり最近までこう呼ぶ人がいた）の方が、より原音に忠実だったわけである。

このように鉄道と英語には、最初から切っても切れない深い関係があって、英語が日本語に入り込んで来る時にも、鉄道が大きな役を果たしたものである。

伊藤博文とか大隈重信のような明治維新の時に大活躍をした人たちですら、鉄道のことでイギリス人と交渉をやった時、ローン（loan）とかゲージ（gauge）とかいう言葉を知らなかったために、大変なことになりかかったと、ご本人が後に語っている。

ローンは、いまでは知らぬ日本人はいないだろう。だが、鉄道を作るために必要なお金をイギリスから借りようとした明治政府のお偉方は、この言葉の意味がよくわからぬままに借金の契約をしてしまい、後でトラブルが起こって、二週間ばかり夜も寝られないほど苦労した。徳川時代だったら切腹になるくらいのピンチに追い込まれたのであった。

ゲージは技術専門用語だから、いまでも一般の人の間に通用してはいないが、鉄道（とくに模型）好きなら小学生でもすぐわかってくれるだろう。左右のレールの内側の間隔のことで、鉄道を敷く時には、まずこれを決めておかないと、何も工事ができないし、走らせる車も作れない。

だから、鉄道建設の総責任者としてやって来た、イギリス人エドマンド・モレル（彼は日本で死んだため、墓は横浜の外人墓地にある）が、まっさきに、伊藤博文にゲージはどのくらいがご希望かと尋ねたのは、まったく当然のことだった。

ところが、外国へ行ったことのある日本人のお偉方のだれ一人として、ゲージが何であるか知らないで、恥をかいた。モレルに詳しく説明してもらい、日本はまだ貧乏だから欧米なみの線路は無理だろうと考えて、イギリス植民地で重宝がられていた三フィート六インチ（一〇六七ミリ）を採用することになった。

一度これが日本国鉄の標準と決められてしまうと、後で変えようとしても簡単にはできない。欧米の標準ゲージ（四フィート八インチ二分の一、一四三五ミリ）を国鉄が実現したのは、何と新幹線開業の昭和三十九年（一九六四）だった。九十年以上の年月がたっていた。

機関車に鐘をつけたらアメリカン

前項に、日本の鉄道が生まれた時の先生はすべてイギリス人だった、と書いたが、これは本土のはなしである。どなたもご存じのように、日本最初の鉄道は東京と横浜の間で、その次は大阪と神戸の間、それから次第に延びて行ったわけだが、すべて本州であった。

ところが、これとは別に北海道で鉄道建設の計画がたてられていた。そして、北海道の場合は、東京や大阪での鉄道建設とは、まったく事情が違っていた。

東京――横浜間や大阪――神戸間は、すでに多くの人が住んでいる都市を結ぶもので、以前から道路などによる交通があった。それに対して、当時の北海道はまったくの未開の土地で、交通らしい交通もない。だから、新しい土地を開拓するために、鉄道を敷くことにしたのである。

日本政府も、北海道開拓については、当時西部開拓の仕事をやりつつあったアメリカを、すべてにわたってお手本にすることとした。あの有名な「青年よ大志を抱け」(Boys, be ambitious.) のクラーク先生が、アメリカから招かれた人であったことは、だれもが知っている。

鉄道建設についても同じことで、本州の場合もっぱらイギリス人から教えられたのとは違い、こちらはアメリカの鉄道から学ぶことにし、先生もアメリカ人であった。

北海道最初の鉄道は、明治十三年(一八八〇)に手宮(現在の小樽市内で博物館がある)と札幌の間を走った幌内《ほろない》鉄道である。こちらも政府のお声がかりで作ったものだが、東京――横浜間や大阪――神戸間の鉄道が工部《こうぶ》省の下に置かれていたのに対し、こちらの鉄道は北海道開拓を任務として設けられた開拓使という役所の下に属した。

この線路の上を、おなじみの義経号や弁慶号が走ったのだが、もちろんきっすいのアメリカ産を輸入したものである。純イギリス製の機関車とは、スタイルからして全然違う。

機関車のスタイルだけではなく、鉄道のさまざまな面で、アメリカとイギリスとは大きな違いを持っている。いや、鉄道が生まれた事情からして、アメリカとイギリスとでは、大違いなのであった。

イギリスは比較的小さな国土で、山が少なく、平坦地が多く、多くの人が住んでいる。道路がすでに発達して、馬車による交通が全国にゆきわたっていた。鉄道はいわばそこへなぐり込みをかけて登場した新しい交通機関だった。馬車のお客や荷物を奪うために、より速く、より便利でなければならなかった。

馬車と比べものにならない高速と快適な乗り心地のためには、線路のカーブや坂道をゆるくし（そのために、多くのトンネルや橋が必要だ）、上等な石炭をたく高性能の機関車を走らせねばならない。

それに比べて、未開の原野に新しく線路を敷き、開拓の先頭に立つアメリカの鉄道は、スピードだの、乗り心地だのと、ぜいたくを言ってはいられない。それに前からのライバルである馬車と競争して、客や荷物を奪い合う必要もあまりない。

広大な原野を持つ国だから、人口密度は低い。一日に一往復程度の路線に、多くの金をかけて長いトンネルや高い橋をかけるのはもったいない。だから、どうしてもカーブや坂の傾斜がきつくなる。スピードよりも馬力の強い機関車が望まれる。良質の石炭も手に入らぬし、時と場所によっては薪《まき》を燃やさねばならぬ。駅から駅までの距離が長くなるから、一度に多量の水と燃料を積まねばならない。

こうした必要に迫られて生まれたのが、義経号のようなアメリカン・スタイルの機関車であった。うしろにテンダー（tender）と呼ばれる独立の水と燃料用の車をつけている。diamond stack（ひし形煙突）と呼ばれる、あのかわいらしい煙突は、決してカッコつけるためのものではない。悪質の燃料から出る火の粉で、沿線に山火事を起こすのを防ぐために考え出されたものだ。

イギリスの鉄道線路は、両側を柵できびしくかこってあり、道路と立体交差が多く、たまにある踏切（level crossing）には番人と遮断機がついている。だから線路に外から人や動物が入り込むことはめったにない。そのため前照灯（headlight）をつけない機関車が多い。

ところが、アメリカでは原野に（ときには町の大通りに）線路が敷かれてあるから、機関車はその先頭に大きなライトをつけ、大きな鐘をカランカラン鳴らして走る。

車輪の前部に線路上の邪魔物をはねのける丈夫な道具をつけているが、これがcow-catcher（直訳すると「牛を捕らえるもの」）と呼ばれるのも、いかにもアメリカらしい。

義経号などには、これらがすべて揃っていた。日本人の目には、とても異国的でロマンにみちあふれているように見えたが、母国アメリカでは必要から生まれた、あたりまえのスタイルなのだ。

客車に見られる英米の差

前項でイギリスとアメリカの機関車のスタイルの違いに注目して、これは両国の鉄道自体の性格や必要の違いであると書いた。同じことは、客車についても言える。

一八二五年に、イギリスのストックトン（Stockton）とダーリントン（Darlington）の間に走った列車が、旅客を鉄道で運んだ世界最初のことである、と歴史の教科書が教えてくれる。これには反対を唱える人もいるが、いちおうこの説を受け入れよう。

その時の客車を見て驚くのは、まったく馬車そっくりであったことだ。屋根のある上等客車は、三人くらい座れる椅子が向かい合って、両側にドアがついている。

西部劇をごらんの方は駅馬車をおぼえておられると思うが、まさにあれだ。

この構造を持った馬車のことをコーチ（coach）と呼ぶが、イギリスでは鉄道客車も同じ名で呼ばれる。客車をカー（car）と呼ぶのは、アメリカの習わしである。（イギリス式英語とアメリカ式英語の違いについては、別の項で詳しく書くつもりだ。）

鉄道が次第に人気を呼び、お客の数が多くなると、客車もだんだん大型になって行った。しかし、座席が向かい合わせに置かれ、両側にドア、というこの基本構造は変わらない。定員六ないし八人のこの単位を a compartment（ふつう「車室」と訳される）と呼んだ。

この一単位をいくつも並べた、長屋のような客車がイギリスやヨーロッパの標準型となった。車室と隣の車室の間は、壁で仕切られていて、行き来はできない。車室へはそれぞれ両側にあるドアから出入りするが、列車が動き出す前に、駅員がドアに外側から錠をかけてしまうから、走っている間お客は完全に車室の中に閉じこめられてしまう。

もちろん、これはお客が走っている客車から転落しないようにと、安全を考えてのことだが、逆に車室の中でだれかが乱暴をしたり、強盗になったりしたら、同じ車室にいる他の客はどうしたらよいのか。

明治初期の日本の鉄道は、北海道を除いて、だいたいイギリスの鉄道をお手本にしたから、客車もこうした型のものが多かった。横から見ると各車室に入るドアがずらりと並び、車室と車室は互いに往き来できない。

幸いにして日本では列車が走っている間の強盗事件や、殺人事件などはなかったらしいが、狭い車室に閉じこめられたお客は、ずいぶん不安な思いをしただろう。途中で便所へ行きたくなっても、次の駅に着くまで我慢しなくてはいけない。明治六年に、とうとう我慢できなくなって、走っている間に窓からオシッコをして、罰金十円（当時としては大金だ）を払わされた客がいたという。

これに対してアメリカの鉄道は、広い原野を走り、駅から駅までの距離も長かったので、こんな狭い車室に閉じこめられてはやりきれない。そこで、車の両端にデッキつきの入り口をつけ、車内は中央に通路があって、その両側に二人がけの座席が並ぶ教会のような型が流行した。

すべてアメリカ式をお手本にした北海道の鉄道は、このような客車を採用した。この方がお客にとっても、鉄道職員にとっても便利であったため、日本の客車は次第にこのアメリカ型に統一されて行った。現在の特急電車や新幹線電車も、基本的にはこのスタイルである。

compartment 型の客車は、お客のプライバシーが確保され、ゆっくりくつろげるという利点を持つ。そのために寝台車（sleeping-coach. アメリカなら -car）で多く使われる。往き来の便を考えて、車室の外に廊下がついている場合が多い。

ＪＲの個室寝台や二人、四人用がそうであり、最近では座席用の compartment もある。まだ一部だが、トイレ、洗面台、シャワーまで揃った、ホテルなみの車室さえある。

西洋に列車を舞台にしたミステリー小説が多いのは、こうした密閉型の車室が多いからである。アガサ・クリスティ（Agatha Christie, 1890–1976）の『オリエント急行の殺人』（*Murder on the Orient Express*, 1934）はその代表的傑作である。

日本でもこのごろは車室が増えて来たから、列車内密室殺人の物語が書きやすくなった。しかし、どうか本ものの殺人は増えないでほしい。

最近のイギリスやヨーロッパの客車の傾向は、密閉された車室スタイルから、アメリカ式の開放座席スタイルに変わりつつある。多くの人びととのふれ合いを求めているのだろうか。もしそうなら、日本独特の「カラオケつきお座敷客車」（これを英語に訳すのはとても難しい。だれか教えてください！）が、いつの日か世界の鉄道のあこがれの的《まと》になるかもしれない。

『オリエント急行殺人事件』（シドニー・ルメット監督、1974年）に登場するオリエント急行。

『オリエント急行殺人事件』

できれば名前をつけてくれ

前に義経号や弁慶号のことを書いたが、機関車に名前をつけるのは、日本ではきわめて珍しいことであった。明治五年の開業時に使われた機関車は、すべて番号がつけられただけで、いかにもお役所らしい、そっけなさだ。

明治十六年に日本最初の私鉄として、日本鉄道が東京の上野から埼玉県の熊谷まで開通した。この建設工事のためにイギリスから輸入したかわいい機関車は善光《ぜんこう》号と名づけられた。それは隅田川を船で運び、川口の善光寺の近くで陸あげして組み立てたからである。この機関車は最近まで東京神田の交通博物館に展示されていた。

実際の仕事に使う時には、番号で呼ぶ方が便利であろうが、名前をつけると、ただの鉄のかたまりである機関車が、急に人間らしく感じられてくる。動かしたり、点検する人たちにとっても、名前を持った車は、温かい心を持った親友、恋人のように感じられるのではあるまいか。

というわけで、外国では機関車などに名前や愛称をつけることが、とくに初期では、ごく普通に行なわれていた。

世界で最初に蒸気機関車を発明した人はだれか——これに答えることはなかなかむずかしい。教科書にはジョージ・スティヴンソン（George Stephenson, 1781–1848）と書いてあることが多いが、彼より前に蒸気機関車を考案し、走らせた人が何人もいる。その一人リチャード・トレヴィシック（Richard Trevithick, 1771–1833）は、自分が作った一台の機関車を、一八〇八年にロンドンで走らせ、お金をとって客を乗せたが、その見せ物機関車に“Catch-me-who-can”という名をつけた。

これを直訳すると、「できるものなら、ボクをつかまえてみろ」で、作者のユーモアと同時に、スピードに対するなみなみならぬ自信がうかがえて、ほほえましい。

一八一三年、別の二人が作った機関車には“Puffing Billy”（ぽっぽと音をたてるビリー）という、これまたかわいい名前がつけられた。

スティヴンソンが一八二五年に作った機関車には“Locomotion”という名がつけられた。これは「場所の移動」という大まじめな意味で、ここからlocomotive（移動する【できる】もの）という語が、一般の機関車をあらわす普通名詞となった。そして、ロコモーション号は機関車のご先祖として、現在なおイギリスの鉄道博物館に保存される名誉を受けることとなった。

一八二九年に作られてコンテストに見事合格したスティヴンソンの名作

“Rocket”（火矢、花火など、火をふいて突進するものの意で、現代のロケットはまだ当時はなかった）も、歴史にその名を残すこととなった。しかし、同じ年にアメリカで作られたアメリカの蒸気機関車第一号の名が、あまり広く知られていないのは残念だ。“Tom Thumb”（おや指トム）という、これまたユーモラスな名を持つこの機関車は、形もまたユニークであって、屋根のない貨車の上に縦型ボイラーがデンと立っているというものだ。

後に“Big Boy”などという巨大な蒸気機関車を生み出す国の鉄道が、このようなかわいいトム君によって始まったというのも、なかなかおもしろいではないか。

機関車はどんどん大型になり、性能も進んで行ったが、名前をつけるという習慣は、とくに本場のイギリスでいつまでも流行した。有名人や王族の名前をつけることも、ごく普通である。

“Nelson”, “Wellington”, “Winston Churchill”, “Queen Victoria”, “King George V (= the Fifth)などはだれでも知っている名前だ。いまの女王さまも、まだ王女だったころには“Princess Elizabeth”として、蒸気機関車に名を残した。

おもしろいのは“Sherlock Holmes”という名の電気機関車があったことで、もちろん彼は実在の人物ではなく、小説に登場する架空の名探偵である。でも、この電気機関車が走る線が、London の Baker Street 駅を中心とする地下鉄であったとわかれば、だれも納得してくれるだろう。221B Baker Street はこの名探偵の住所ということになっていて、いまでも世界中のホームズ愛好家から、この宛名にファンレターが来るのだから。

型式（Class）を、有名なパブリック・スクールや城の名で統一する、というしゃれたこともやった。例えば “School Class” には、“Eton” をはじめ “Rugby”, “Harrow” などがあり、“Castle Class” には “Windsor Castle”, “Balmoral Castle” その他があった。

もし日本でも、C五七を「貴婦人」クラスと呼び、一号を「紫式部」、二号を「清少納言」、三号を「小野小町」などと名づけていたら……考えるだけでも楽しくなるではないか。「義経」「弁慶」「静」と名づけた北海道の人たちは、ずっと昔にこれをやってくれていたわけで、彼らの先見の明に拍手を送りたい。

鉄道用語は英米でこうも違う

同じ英語といっても、発音、つづり、それから単語そのものまで、イギリスとアメリカの間にかなり大きな違いがあることは、どなたもご存じの通りである。

もちろんこれは、イギリスとアメリカの生活・風俗習慣などが、長い間に違ってきたからだ。鉄道がこの世に生まれ出てからは、まだ百五十年ほどしかたっていないが、鉄道を生み出した事情、環境などが、イギリスとアメリカとで大きく違っていたことは、すでに何度も書いた通りである。

だから、鉄道に関係する英語が、イギリスとアメリカとで違ってくるのも、当然のことである。第一、鉄道という言葉そのものが、イギリスでは railway アメリカでは railroad と違っている。

もっとも、アメリカで全然 railway が使われない、というわけではない。アメリカは国鉄がなく、全部私鉄だが、大手私鉄の中で例えば Southern Railway Company など railroad を使わない会社がいくらもある。社長の好みによるのだろう。

地下鉄はイギリスで under-ground（railway）アメリカでは subway　日本ではアメ

リカ式の方が一般に通用しているが、イギリスへ旅行する時にはご注意。subwayという掲示があったら、それは人間が歩くための地下道（例えば地下横断歩道など）のことだから。

イギリスでは tube という人もいる。本来は地下深く、または川底を通る、文字通り大きな円筒形の地下鉄だけに限って使われたものだが、いまでは地下鉄一般をさす場合が多い。

私たちにはチンチン電車という名でなつかしい市内路面電車は、イギリスでは tramcar　アメリカでは streetcar である。日本では市電というと時代遅れのもの、消えるべき運命のものと考えている人が多いが、ヨーロッパではまだ市民の大切な足として健在だし、アメリカでも省エネ対策として、最近見なおされてきた。

旅客列車を passenger train と呼ぶのは英米同じだが、貨物列車はイギリスでは goods train　アメリカでは freight train と違っている。

客車をイギリスで coach　アメリカで car と呼ぶことは前にも書いた。ちょっと脱線してバスについて書くと、乗合自動車をすべて bus と呼ぶのはアメリカで、イギリスでは bus は市内バス、または短距離バスで、長距離バスや観光バスのような、快適な座席をつけたものは、coach と呼ばれる。

次は乗務員について。車掌はイギリスでは guard である。直訳すると「護衛」の意味で、いかにもものものしいが、昔、街道に追いはぎ強盗（highwayman）がよく出たころ、馬車の車掌は文字通り客の生命と財産を守る護衛であった。それがいまだに残っているところがおもしろい。アメリカでは「指揮者」と同じ conductor である。

運転手は driver であるが、アメリカでは時どき engineer を「機関車運転手」の意味に使うことがある。蒸気機関車の機関助手は、火をたき石炭をくべるのが主な仕事だったから、fireman と呼ばれた。火を消すのが仕事の消防手も同じ fireman なのだから、ややこしい。

日本でも明治初期には「機関方」「火夫」、次に「機関手」「助手」、そして現在の「機関士」「助士」と呼び名が変わってきた。

イギリス英語とアメリカ英語を比べてみて、一般的に言えることだが、イギリスの方が、古い時代の言葉を、そのまま現代にまで伝えている。いかにも伝統を重んじるイギリス人気質が、coach や guard の中にうかがえる。

これがもっともよく示されている語が、footplate である。直訳すると「足をのせる板、踏み板」となる。例えばスティヴンソンの作ったロコモーション号などを見るとわかるように、初期の機関車には機関手の席などついていなかった。ボイラーの横に足を乗せる小さな板があって、そこに立ったまま運転しなくてはいけなかったのである。

そこで、on the footplate は「踏み板の上に」すなわち「機関車を運転して」の意味となった。時代が進むにつれて、機関士のためには屋根と窓のついた立派な乗務員室（アメリカでは engineer's cab と呼ぶ）が作られ、機関士はいすに座って運転するようになっても、言葉だけは昔ながらのまま残った。

その証拠にイギリス推理小説作家F・W・Crofts（1879–1957）の一九五〇年に書いた短編小説の表題が"Crime on the footplate"なのである。たしかにこれは機関士室の中で行なわれる殺人を描いた小説である。

クロフツはかつて鉄道に勤めていたくらいだから、こと鉄道に関しては詳しく知っていた。一九五〇年の蒸気機関士が危なっかしい踏み板の上に立って運転しているわけではないことも、十分知っていた。それなのに「機関士室内の犯罪」という表題を英語で書くと右のようになり、読者にも意味はちゃんと伝わったのだ。

キップとは手形のこと

キップ（ticket）の話をしよう。キップを買わなければ鉄道を利用できないことくらい、だれでも知っている。でも、あの小さな厚紙のものは、いつのころから始まったのだろうか。乗る前にその一部をパチンと切り取るのは何のためか。

いま、ほとんどの駅の自動券売機から出て来るのは、縦三センチ、横五・七五センチの大きさである。これはA型と呼ばれ、縦が二・五センチのやや小さいB型というのもある。

最近は窓口や自動券売機から、もっと大きな（定期券と同じくらいのものや、さらにそれより横長のものなど）キップを渡されることがあるが、戦前は活版印刷されているA、B型がほとんどだった。また外国でキップを買うと、やはりA型とまったく同じものが多くて、これは国際的なものなのか、と思い知らされる。

事実A型サイズのキップが考え出されたのは、何と百五十年以上も前の一八四〇年ころのこと、イギリスのある地方の駅員だった Thomas Edmondson（tɔ́məs édmənsən と発音する）が考案したものなので、明治時代には「エドモンソン式乗車券」と呼ばれた。いつも言うように、明治の鉄道は何でもイギリスのやり方をお手本にしたために、キップの大きさや紙の質まで、イギリスのエドモンソン式をとり入れたのだ。

おもしろいことに、ヨーロッパ大陸をはじめ、世界の各国でも同じ大きさのキップを使っているが、縦長《たてなが》に用いるほうが多い。エドモンソンの伝統を忠実に守って横長に用いていた本家のイギリスや、中国でさえ縦長のキップがある。日本と韓国はまだ横長が主流である。

ENGLAND

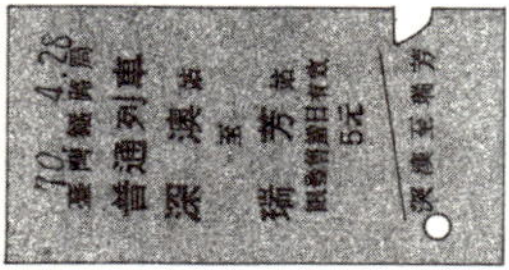

TAIWAN

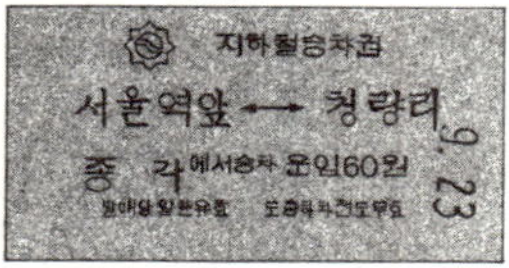

KOREA

では、エドモンソンがこのようなキップを考案する前は、どうであったのか。世界最初の鉄道会社と普通呼ばれている、イギリスの Liverpool and Manchester Railway が、一八三〇年九月に開業して間もないころのビラ（bill がなまったもの）には、ticket という言葉がどこにも見られない。

「乗車券発売」のことを booking と書いている。現在もキップ売り場に booking office と掲示してあるところがある（日本にもあると思う）。book を動詞として使うと「予約名簿に名を記入する」という意味になる。だから本来は長い船旅や芝居・音楽会やホテル、そして現代なら飛行機旅行の場合にふさわしい言い方である。fully booked といえば「満員、売り切れ」の意味であり、overbooking とは、定員以上の予約を受けつけてしまうことである。

昔のイギリスの長距離旅行は駅馬車（stage coach）に乗ってやるものだったから、そのわずかな席は当然 booking（予約）によらねばならなかった。開業間もないころの鉄道は、客車（coach）の構造まで馬車そっくりにまねたと前に書いたが、乗車券の売り方も馬車と同じ booking だった。

しかし、鉄道が便利だとわかって多くの客が利用するようになり、列車の数がどんどん増えて来ると、いちいち予約名簿に客の名前を書き込んでいたのでは、とても手がまわらない。それに速い鉄道を利用したい客には、急用で駅にかけつける人が多い。発車間際にとびこんで来る客は、booking に長々と時間をかけられたのでは、やり切れない。

こうした事態に対応するために、トマス・エドモンソンが名案を考え出したのであった。あらかじめ乗る区間や、等級、運賃などを印刷しておいた小さな ticket を駅に用意しておき、客が来たらお金と引きかえに、日付を書き入れて（後にはこれも機械で行なうようになった）渡す。これなら人手も時間もかからないですむ。

このようにキップとは、ちっぽけな紙きれだが、客と鉄道会社の間の証文《しょうもん》なのである。キップにハサミを入れるのは、郵便切手に消印を押すのと同じで、お客に何度も使われては困るからである。明治五年の鉄道開業当時は、キップとか乗車券とはいわずに「手形」と呼んだ。まさに証文そのものなのだから、正しい呼び方だが、江戸時代に関所を通る時の許可証も「手形」だったわけだから、ものものしい感じがする。

近ごろは記念キップブームで、どこかの鉄道が、木で作った昔の手形そのままのキップを売り出したそうだが、ついでのことに「勧進帳《かんじんちょう》列車」というのを、北陸本線に走らせたらどうだろうか。

昔の安宅《あたか》の関は、いまの石川県小松市の海寄りにあったという。関所の番人富樫《とがし》のなりをした車掌が「皆さん、次の停車駅は安宅、安宅でございます。毎度ご面倒さまですが、手形をあらためさせていただきます」と大声で叫ぶ。

ヨシツネではなくて、サツマノカミタダノリがいたら、ギョッとすること間違いあるまい。

キップ集めも楽じゃない

ふたたびキップの話。

国によってキップの扱い方が大きく違っているので、外国旅行をする人は注意が必要である。駅ごとにきちんと改札の柵があって、乗る前にキップを係員に見せてハサミを入れてもらい、降りてからキップを係員に渡して柵の外へ出る、というやり方をきちんと守っていたのはイギリスである。このやり方をお手本にした日本では、いまでもほとんどの駅でこれを実行している。

しかし、イギリス人は規則をシャクシジョウギに守るよりは、時と場合に応じて常識的に変えることを好むので、係員のキップ回収（ticket collecting）にも、いろいろな方法があった。例えば長いこと止まらない急行列車であれば、終点の一つ前の駅を発車した後に、車掌が列車内をまわって、お客のキップをとってしまう。終点に着くと、お客はもはや改札の柵を通る必要がないわけだから、そのまま自由に出ることができる。改札の柵で待たされる時間の節約ができて便利だ。

大きな駅では、こうした列車専用の、改札のないプラットフォームがあって、そこへ外からタクシーが自由に乗り入れる。客車から降りると、すぐそこにタクシーが待っているので、お客にとってはありがたい。これこそ本当のサービスというものので、せっかくイギリスのやり方をまねたのだから、日本の鉄道でもやったらどうだろうか。

最近はイギリスでも日本でも、人手を節約するために、駅員のいない駅が増えている。そこで車掌がまめに車内をまわって、キップを売る列車 pay-train が登場する。

アメリカでは多くの人が利用する大きな駅でも、改札の柵がないのが普通である。客が列車に乗るとすぐに車掌がやって来てキップをしらべ、間違いないとキップをそのままとり上げてしまう。そのかわりに客の降りる駅を書いた小さな紙切れをくれる（または、よく目につくところにはさむ）。これを tag と呼び、キップの預かり札と思えばよい。

ヨーロッパのいくつかの国では、乗る前には改札を受けるが、降りる時はフリーパスの習慣である。客は列車に乗っている間はキップを持っていなくてはいけない（検札があった時に持っていないとタダノリと思われる）が、降りてからは捨てようと、そのまま持っていようと勝手である。つまりキップはレシート（receipt）と同じはたらきをしているのだ。最近では人手節約のため、乗る時の改札もやめ、客がめいめい特別の機械に自分のキップをさし込んで、検印を受けてから乗るところが増えた。

さて、世の中に「鉄道マニア」(これについては次項で詳しく書くつもり) という人種がいるが、その中にキップを集めることに情熱を燃やす人もいる。英語でticket-collectorといえば、普通はお客のキップを回収する鉄道職員を意味するが、キップ集めを趣味とする人もそう呼んでよかろう。

右に書いたキップお持ち帰り自由の国は、マニアにとっては天国だが、イギリスや日本やアメリカでは、そう簡単にキップを手元に残すことはできない。普通の場合はプロのticket-collectorにとり上げられてしまうのだから。

ではアマチュアのticket-collectorは、どのようにしてキップを集めるのか。詳しくは鉄道キップ・コレクションの権威であり、分類・研究家である築島 裕《つきしまひろし》先生の本『鉄道きっぷ博物館』(日本交通公社出版事業局、昭和五十五年) をごらんいただきたい。先生はかつて東京大学で国語学を教えておられた人で、その学問の権威であるが、鉄道マニアの間ではキップ博士として広く知られている。

私のキップのコレクションなど、築島先生に比べたらお話にならないが、キップコレクターの憲法 (というようなものが、もしあるとすれば) の第一条は、私でも知っているし、マニアならだれでも知っている。それは、絶対に不正行為をしないこと、である。

駅員の目をかすめて便所の横の柵をすり抜けるような、恥ずかしいことをすればどんなキップでも手に入るだろうが、それはルール違反で、マニアを名乗る資格はない。どこから見ても正しい方法をとって、堂々とキップを手元に残すことに頭をしぼる——これこそがルールである。

と、口で言うのはやさしいが、実行となると難しい。例えばアメリカではどうやったらよいのだろう。

すぐ思いつく手は、降りるつもりの駅の少し先までキップを買い、目的の駅では途中下車（stopover）するといって、キップを返してもらうことである。

築島先生がアメリカ滞在中 Chicago（発音は ʃiká:gou）へ行く用事ができたので、鉄道地図を調べて、そのひとつ先の、むずかしい名前の駅までのキップを買おうとした。切符売場の職員はしきりに首をひねっていたが、ともかくキップを売ってくれた。

Chicago に着いてから分かったのだが、その駅は貨物専用駅だった。

「鉄道マニア」を英訳すると

もちろんキップ収集マニアのほかにも、多くの種類の鉄道マニアがいる。だが、それを紹介する前に「鉄道マニア」に当たる英語は何であるか、ちょっと考えてみよう。

railway（アメリカならば railroad）mania という英語はあるのだろうか。確かにある。ところが、意味が全然違うのだから、注意が必要だ。これは「だれもが鉄道会社の株を買おうと熱中した現象」を意味する語なのである。

イギリスで最初に railway mania（発音は méiniə）のフィーバーが起きたのは、いまから百五十年も昔のことで、一八四〇年代の中ごろであった。鉄道の便利さが世の人から認められて、お客がどんどん来るので、会社は儲《もう》かって笑いがとまらなくなった。儲かるから株主への配当も、一〇％近くまで高くなった。

鉄道が成長産業だという評判が全国に広まって、だれもが争って鉄道株を買いたがる。新しい鉄道会社が次から次へと誕生した。その株も羽が生えるように売れた。これが railway mania だったのである。ところが、儲かる儲かるといって、鉄道会社がたくさんできても、運ぶお客と荷物の量はそんなに急に増えるはずがない。限られた客を競争で奪い合っているうちに、客に見すてられ、赤字で倒産する会社が出て来た。

倒産した会社の株券は紙くず同然である。大切なお金をはたいて、そのような株を買った人たちは、泣くに泣けない悲惨なありさまとなった。このように railway mania とは、実に恐ろしい歴史上のバブル事件を示す語なのである。

これに比べると日本語の「鉄道マニア」は、実に天下泰平、のどかなものである。鉄道がメシより好きで、いろいろ調べたり乗ったりすることに熱中している人たちを意味するのだから。最近では「鉄ちゃん」とも呼ばれる。

では、これを英語では何と言ったらよいか。正式には railway enthusiast（発音は inθ(j)ú:ziæst）だが、これでは長くて言いにくいし、堅苦しくてシャッチョコバッテいる。

もっと簡単に、rail (way) fan といっても通じるが、少々ユーモラスなひびきを持った俗語に railway buff がある。buff は buffalo（バッファロー、絶滅したアメリカ野牛）が短くなったもので、その野牛や牛の皮をなめした薄黄色の革のことである。

一九二〇年代ころ、アメリカのニューヨークの民間人のボランティア（volunteer）

消防団員が、この皮の制服を着ていた。ところが、どこにも火事見物の好きなヤジ馬がいるもので、そうしたヤジ馬を俗語でbuffと呼ぶようになった。きっと消防団員と同じ制服を着て気取っていた連中がいたのだろう。

そこからまた意味が広まって、何でもあることが熱狂的に好きな人、プロ以上の知識を持つアマを呼ぶ語に変わった。

イギリスの鉄道マニアの原点はloco-spottingである。locoとは、もちろんlocomotive（機関車）のことだ。spotとは「目星をつける。所在をつきとめる」の意で、多くの少年鉄道マニアが線路の脇《わき》に一日じゅう陣取って、通る機関車の番号を手帳に書きとめている姿が見られる。

こうしたloco-spotterのために機関車の番号を所属の機関庫（engine-shed）別に列挙したハンドブックが売り出されていて、少年はそれを手にして、自分の目で見たものをチェックすることができる。

これならカメラもいらず、フィルム代もいらず、だれでも手軽に楽しめる。休みの日ともなると、大都市の主要ターミナル駅（terminus）のプラットフォームの先端には、こうした少年が群れをなしていることが多い。時どき鉄道職員が整理に出ているのも、わが国と似ている。

ただ、わが国では最近機関車の引っぱる列車がとても少なくなってしまったから、loco-spotting をやろうと思っても、興味が減ってしまうのが残念だ。それに合理化が進むと、型式が次第に統一されてしまうから、マニアにとっての楽しみが消えてゆく。

しかし、ある楽しみが消えると、それに代わる別の楽しみを、どこか思いがけないところから見つけ出してくる、というのが世界の buff の特技なのである。一般の人にとってはどうでもいいと思えるような、つまらない点を、血まなこになって探したり、調べたりするのが、万国共通のマニア気質だから。

鉄道マニアの間でしか通用しない独特の言いまわしがあるが、その傑作をひとつ紹介しよう。たばこをやめることを「電化する」と言うのだ。だいぶ以前イギリス人の railway buff に、「こういう言い方は英語にもありますか」と尋ねたら、彼は大笑いして、「ありませんが、ぜひ流行させてみたいですね」と答えた。

それ以来、イギリスで新しい辞書が出るたびに、electrify の項を見るのだが、まだ "*railway buff's slang* : stop smoking" と出ているのにはお目にかかっていない。

鉄道マニアに定年はない

日本の鉄道マニアと、英米の railway buff との間の大きな違いは、日本では若い人が圧倒的に多いのに対して、英米では大人や熟年にもかなり多くいる、ということだ。

つまり、日本では鉄道に熱中するのは少年時代の一時の病気（つまり「はしか」のようなもの）で、大きくなってまで、その後遺症を残しているのを、恥ずかしがる傾向がある、ということだ。これはまことにおかしな話なので、この点については、ぜひ外国、とくに英米を見ならってほしいと思う。

というのは、鉄道マニアにもいろいろなタイプがあっていい、と思うからなのだ。確かに、全国の鉄道を乗りつぶすとか、あらゆる車輛をフィルムに収めるとかは、元気がよくて暇のある若いうちの方が達成しやすいだろう。

ある程度年をとると、お金の方は少し自由になっても、仕事が忙しくなって暇がなくなり、体力も衰えてファイトがなくなるから、もう鉄道マニアの定年だ、と思い込んであきらめてしまう人が多いのではあるまいか。

私に言わせれば、これは大きな間違いなのである。大人になってからでも楽しめる、いや、大人にならないと楽しめない鉄道趣味があるのだから。そうした例を、英米からひろってみよう。

まず volunteer 活動としての、古い鉄道遺産の保存という仕事がある。英米では日本よりもっと早くから鉄道が斜陽産業となり、赤字で廃止になる路線がたくさんあった。

日本では廃止される最後の日に、マニアが押しかけて写真をとり、記念キップを買ったり、記念品を集めたり（なかには黙って失敬してくるけしからん連中もいる）大活躍をするが、廃止になった後は知らん顔というのが多い。

英米のマニアは、一度廃止になったり、なりかけた赤字線を、自分たちアマチュアの手で生き返らせようと努力するのだ。鉄道会社に掛け合って、土地、レール、駅、車輌、その他の施設を買い取り、自分たちの手で動かして楽しむ。

もちろん、このためには多額の金とエネルギーが必要だから、一人でできるわけはない。大変な金持ちなら話は別だが、普通のマニアは、レール一本買う金も自由にはなるまい。だから方法はひとつしかない。多くのマニアが一体となって協力して、保存協会（preservation society）を結成することである。

いろいろな年齢、職業、収入、身分のマニアが集まって、金の出せる人は出せるだけの金を、暇のある人はその暇を、体力のある人はそのエネルギーを、アイデア豊かな人は知恵を——というように、自分でできる程度のものを出し合い、決して無理をしない。

背伸びをしすぎたり、無理をしたりして、実力以上の格好をつけようとすると、かならず仲間割れしたり、長続きしなくなったりして、保存活動は失敗する。

NHKテレビで時どきイギリスの保存鉄道についての十分くらいのフィルムを放映することがあるので、ご記憶の方も多いと思う。日曜や夏休みシーズンだけに小さな、かわいい機関車を動かしている人が、本業は先生であったり、油で部品を磨いている人が、会社の重役であったりする。車掌さんが大学生で、キップ売りが弁護士の奥さんだったりする。

ふだんは口をきくどころか、顔も合わせる機会さえないような、社会の各階層、全国の各地に暮らしている人びとが、手弁当でこの保存鉄道に参加した時だけ、完全に平等になり、仲間となる。年齢も肩書も学歴も忘れる。

日本でも早くこうした試みが実現することを望みたい。いま多くのJR・私鉄の赤字線が、いまにも死にかかっている。その全部を救ってください、と政府や都道府県にお願いしても、とても無理だろう。どうしても駄目なものは、アマチュアのボランティア活動で生き続けさせたらどうだろうか。

消えてゆく蒸気機関車を、何とか生き続けさせたい、と願うのが鉄道マニアの自然の人情だろうが、一人ひとりが写真を眺めたり、自分の部屋で模型を動かしているだけでは、どうにもならない。できるだけの金や力を出し合って、みんなで協力するしか道はない。

この文章を読んでくださっている若い方に、ぜひお願いしたい。鉄道趣味とは若者である間だけのものとは思わないでほしい。大人になっても、老年になっても「もうワシは鉄道マニアの定年じゃ」なんて言わないでほしい。若いうちは若さとエネルギーを、年をとったら経験と知恵を（できればお金も）出し合って、死にかかっている鉄道を生き返らせてほしい。

もし、協力をしてもいいが、具体的にどういうことをしたらいいのか知りたい、とおっしゃる方がいるなら、私あてにお手紙をください。いくらでもお教えいたします。

ダイヤモンドより大切なダイヤ

よく「ダイヤ改正」とか「ダイヤが乱れる」とか言われるが、あの「ダイヤ」とは何のことだろうか。もちろんダイヤモンドとは関係ない。

正解はdiagramで「図表」「図面」を意味する英語である。さらに語のルーツをたどると、ギリシャ語でdiaは「横切って」「……の間を」「貫通して」などの意味、gramはgraphと同じ仲間で「書く」という意味から出ている。つまり「線や筋を通して書いたもの」がダイヤグラムである。

鉄道で使われるダイヤグラムは、正確にいうと列車ダイヤグラムで、縦線で時刻をとり、横線で駅をとった図表のことだ。横と縦の交わったところが「何時何分××駅発（または着、通過）」をあらわす。その点をつないだ斜めの線が列車の進み具合を示してくれる。

通常、左上から右下へと進むのが下り列車、左下から右上へと進むのが上り列車である。傾斜のゆるい線がスピードのゆっくりした列車、きついのが速い列車であることも、わかっていただけるだろう。

ある列車と別の列車がどこですれ違うか、どこで追い越すかも一目でわかる。ある場所である列車が通った後、何分たつと次の列車が来るかも、知ることができる。

このようにダイヤグラムとは便利なもので、ある線の列車の運転の状況が全部いっぺんにわかる。数字がずらずら並んでいる普通の時刻表よりも、ずっと便利だから、鉄道職員は皆これを使っている。プロにとってダイヤはダイヤモンドよりもはるかに貴重なもので、これがないと一日も仕事をやっていけない。

こんな便利なものをいつ、だれが考え出したのかは知らないが、明治五年に最初の鉄道が走り出した時は、日本人のだれも、こんなものがあることすら夢にも思っていなかった。

当時は何から何までイギリス人の先生の言う通りにやっていればよかったわけで、列車の走る時刻についても、Page というイギリス人が書いてよこす「新橋発×時××分、品川発×時××分……」という、時刻表通りにやっていれば間違いない。単線の駅と駅との間で、向こうから列車が来たらどうしよう、と心配する者もいたが、ページ先生の命ずる時刻に従って忠実に走らせれば、駅のところでちゃんと反対列車とすれ違う。

日本人にとってこれは神わざのように思え、ページ先生はよほどの天才なのだと、だれもが感心していた。ところがこの神さまは、どのようにしてあの奇跡的な時刻表を作るのか、その秘密を絶対に日本人に教えてくれなかった。新しい時刻表を作る時は、自分の部屋に一人きりで閉じこもり、窓にもドアにも錠をかけて、他人の目を寄せつけないのである。

しかし、神さまでも時にはうっかりすることがある。あるとき自分の部屋の窓をあけたまま、どこかへ行ってしまった。一人の日本人が通りがかりになに気なく先生の机の上を見ると、縦横斜めの線を引いた一枚の紙があり、何時とか新橋・品川・大森……横浜とか書いてある。日本人には一目でわかってしまった。

ページは天才でも神さまでもない。この図さえ書けば、だれでも、どんな時刻表でも簡単に作れるのだ。作る方法が他人に知れてしまうと、自分のクビと高い給料が危なくなるから、ページは必死になって秘密にしたのだ。部屋に錠をかけてこもりきりになったのは、別に精神を統一したり、神さまと対話をしていたわけではないのだ。

日本人のページに対するそれまでの尊敬が、いっぺんにさめてしまった。もちろん、このことだけが理由ではないが、間もなくページは日本を去らねばならなくなった。

列車ダイヤというものが日本人に知られるのには、以上のようなおもしろい逸話があるが真偽のほどはわからない。当時の「お雇い外国人」の中には、前出のモレル技師のように、自分の知っていることを進んで日本人に教えてくれ、早く日本人だけで鉄道の仕事が全部できるようになれ、と励ましてくれた人もいたが、自分のクビと給料の安全のために、知識をケチケチ出し惜しんだ人もいただろう。

先輩たちの必死の勉強のおかげで、列車ダイヤの know-how を身につけた日本の鉄道は、peak-hours（ラッシュ時）に二分半間隔で列車を走らせるなど、まさに神わざのようなダイヤを毎日組んでいる。ダイヤ大改正の前になると、「スジ屋」と呼ばれるダイヤ作りのベテランたちは、何カ月もぶっとおしで新しいスジを引く仕事にとり組む。

一ミリの間違いがあっても大事故につながるのだから大変だ。最近はコンピューターも使うが、最後には人間の目がものを言う。

天災や事故などで、所定のダイヤ通りに列車が動けなくなると、各部署のダイヤグラムに赤い臨時の筋を引く。ダイヤが真っ赤になる時が、新聞に「ダイヤが乱れる」と出る時で、担当職員の目も充血して真っ赤になってしまう。鉄道にとって赤字もこわいが、赤ダイヤはもっとおそろしい。

時刻表の誕生

前項に書いたダイヤは、鉄道のプロが使うものであって、一般の人にとっては、駅名に列車の発着時刻が数字で記してある時刻表（timetable）の方が読みやすい。

今日、普通で言う意味での鉄道会社（railway company）――つまり線路や駅、車輛と職員などを全部まとめて持つ会社の世界最初の例は、イギリスのリバプールとマンチェスターを結ぶもの、Liverpool and Manchester Railway であって、一八三〇年九月に開業したが、列車の走る時刻をきちんと定めて、それを掲示したという点でも、今日の鉄道会社の模範となった。

このように、はじめのうちは、時刻表というものは、それぞれの鉄道会社が自分の駅などに掲示すれば、それでよかったのだが、あちこちに多くの鉄道会社ができて、たくさんの列車を走らせるようになると、一般のお客にとっては、それでは不便であることが、わかってきた。

全国の鉄道の時刻表を一つにまとめた本があれば、不便はいっぺんに解消する。このことに気づいた最初の人は、イギリス人のジョージ・ブラッドショー（George

Bradshaw, 1801–53）であった。

彼は一八三九年に早くも『鉄道時刻表』“Bradshaw's Railway Time Table”という本を発刊し、一八四一年十二月からは『ブラッドショーの鉄道案内』（Bradshaw's Railway Guide）という名に変えて、毎月発行した。

この本は、なんと一九六一年六月号まで続いて、惜しくも廃刊になってしまったが、百二十年以上もの歴史をもつだけに、ほとんどのイギリス人はブラッドショーという名前を聞いただけで、「あ、それは鉄道時刻表のこと」とわかる。もちろん、英語辞典にも載っていた。

日本をふくむ世界中の鉄道時刻表の表記法のお手本を作ったのも、この『ブラッドショー』であり、鉄道線だけでなく、連絡船航路ももちろん、その上ホテルの案内も詳しく、これさえ持っていれば、イギリス国内旅行は、全部間に合った。

日本の時刻表がまねてほしいことだが全国の駅のＡＢＣ順索引（index）が、巻頭についているのも便利。ただ親切すぎて、各列車などについての注（note）が、小さな活字でビッシリ並んでいるので、鉄道好きの人以外には少々読みにくいところが欠点である。

それでも、鉄道の全盛期のブラッドショーは、見るからに堂々として頼もしかった。私の持っている一九一〇年四月号は、本文は鉄道線だけで九二九ページ、それに索引、連絡船、ホテル案内など合わせて、全部で一二七〇ページ以上もある。

このころは第一次世界大戦の前で、イギリス鉄道の黄金時代だった。ほとんどの人が旅行といえば鉄道を使った。第一次大戦中は、もちろん旅行はしにくくなり、人手不足で列車の数は減った。戦争が終わると、イギリスとアメリカでは、自動車が一般化して、いわゆる motorization の時代がやって来た。

お客と貨物を自動車に取られて、地方の短い、小さい鉄道がどんどんつぶれる――ちょうど、第二次世界大戦後の日本にいま見られる現象が、早くもイギリスでは一九三〇年代に始まったのである。

第二次世界大戦で大きな被害を受けたイギリスの鉄道は、それから復興することなく、どんどん下り坂をころげ落ちて行く。ブラッドショーはそれを証拠立てるかのように、次第に薄く、貧弱になり、とうとう一九六一年にさびしく消えた。

しかし、これでイギリスに鉄道時刻表がなくなってしまったわけではない。一九四七年の法律によって、一九四八年一月一日から、イギリスのほとんど全部の私鉄が国有化され、British Railways（普通、イギリス国鉄と訳されるが、National という語は入っていない）となったが、ここから“British Rail Passenger Timetable”（イギリス鉄道旅客列車時刻表）が発行されることとなった。

ただ月刊ではなく、年二回（つまり夏ダイヤ号と冬ダイヤ号）出るだけである。それに、初めのうちGreat Britain島の六つの鉄道管理局（regions）が一冊ずつ、合計六冊出していたのが、全国まるごと一冊となり、さらにそれが次第に薄くなるとともに、判型も小さくなり、という具合で、鉄道の斜陽化を、時刻表がそのまま物語っているようである。

さらに発行部数（circulation）は日本と比べたら桁違いに少ない。日本では毎月鉄道時刻表が何十万部も売れると聞いたら、イギリス人は耳を疑うだろう。

わが国でも国鉄が分割され民営となった一九八七年四月以後も時刻表の内容はそう大幅に変わっていない。少なくとも日本では、時刻表が鉄道の衰えを物語ることなどないように、祈りたい。

イギリス独特のＡＢＣ鉄道ガイド

もう少しイギリスの鉄道時刻表について書くことにする。

前項で紹介した普通の（つまり、日本で見られるような形式の）時刻表のほかに、イギリス独特の（つまり、日本で類のないような）鉄道時刻表が発行されている。

“ABC Rail Guide”と呼ばれるものがそれで、全国の駅がＡＢＣ順に並んでいる本で、その一項目ごとに、ロンドンから行く時、またはそこからロンドンへ来る時の列車の時刻が記されている。ということは、ロンドンにいて各地に旅行する人と、各地にいてロンドンに出かける人だけにしか、役に立たない時刻表だ。

具体的に例をあげて説明しよう。まず、どこでもよい、あなたの行ってみたいイギリスの土地の名前をあげてみてください。Simon & Garfunkel（サイモン&ガーファンクル）が歌って有名になった、イギリスの古い民謡“Scarborough（発音はskά:b(ə)rəが正しい）Fair”の故郷Scarborough はいかがだろう。さっそく『ＡＢＣ鉄道ガイド』で引いてみよう。（一九七七年三月号による）

Scarborough, North Yorks.
230ml P43,300
From KINGS CROSS

Yorks. は Yorkshire　ml は miles　P は population のそれぞれ略である。つまり、スカーバラは北ヨークシャー県にあり、ロンドンから二三〇マイル（約三六八キロだから、東京――名古屋とほぼ同じ）、人口四三三〇〇人。ロンドンからはKings Cross発の列車に乗ること。

ロンドンにはLondonとかLondon Centralというような名の駅はない。いろいろな名を持つターミナル駅が全部で十近くもある。だから、自分の行きたい場所へ向かう列車が、どのターミナルから出発するか、あらかじめ確かめておかないと迷ってしまうのだ。

Kings Crossはロンドン北部にあり、東海岸寄りの北イングランドや、スコットランド東部地方行きの列車が出発する駅である。

次にこう書いてある。

Fares.（運賃）

	Sing.	Ret.
1cl.	16.80	30.20
2cl.	10.80	19.90
Code	A1	B1

cl. は class　Sing. は single（片道）、Ret. は return（往復）の略。A1 とか B1 とかはキップの有効期間を示すもので、別ページにある説明を読むと、A1 は「発行日とも三日」、B1 は「発行日を含めて足かけ三カ月」のことである。

Scarborough は有名な行楽地で、いろいろ楽しむ施設は多いが、足かけ三カ月も滞在する人は、保養の病人を除くと、あまりいないだろう。大部分のお客は、日帰りか、せいぜい週末の一泊旅行くらいである。

そこで鉄道は、こうしたお客を目あてにして、当日だけ有効の日帰り往復割引(DR, Day Return) とか、週末往復割引 (WE, Weekend Return) を、ほとんどの区間で発売する。ロンドン——スカーバラ間について見ると、

	DR	WE
1cl.	—	17.10
2cl.	11.10	12.35
Code	D15	W10

これでわかるように、往復なのに片道よりほんの少し高いだけだ。これでは片道

や普通往復キップを買う人が少ないのも当然だ。なかには、片道より安いDRという、ウソのような本当の話も、区間や季節によっては生まれる。

しかしCodeの欄を見ると分かるように、DRやWEには、いろいろ制限がつく。原則としてDRはいつでも使え、WEは往きは金、土、日曜日、帰りは同じ週末の土、日、月曜日のいつでも使えるが、例えば金曜の夕方のラッシュ時（peak hours）の下り、月曜の朝のラッシュ時の上りは使えない、などの制限がつくのはやむを得ない。

さて、いよいよ肝心の時刻表だが、ロンドンからスカーバラへ直通する列車（through train）は少なく、ほとんどの列車はYorkで乗りかえだ。

Changes at York
MONDAYS to SATURDAYS

KingsX	Scarborough
dep.	arr.
4.05	9.51
7.45	§11.20

…　…

23.55　5.29

X は Cross　dep. は departure　arr. は arrival の略、℘ は through train のマークで、これ以外は York で乗りかえ。

ほかにもいろいろマークや注がつくが、ややこしくなるから省略しよう。もちろん逆方向の時刻表もあるし、SUNDAYS（休日）の時刻表もある。日本の常識からすると、行楽地行きの列車だから、休日は週日よりも増発すると思うと、どっこい正反対。休日はたった四―五往復しかなくて、ロンドンを出る始発は一二時〇〇分である。朝早起きして、あわてて遊びに出かける人はいないらしい。

鉄道マニアからはいろいろ欠点を指摘されるだろうが、一般の客にとっては、“ABC Rail Guide”は読みやすくて便利である、と利用者に歓迎されている。Bradshaw 型よりも ABC を売っている駅売り店の方が多いことでも、それが証明される。

国際版鉄道時刻表の生みの親

日本やイギリスは島国だから、外国の線路に直通する国際列車は以前はなかったが、ヨーロッパではこれが当たり前のことと考えられている。だから、当然国際版の鉄道時刻表が必要になってくる。世界で最初にこれを作ろうと考えたのが、何と島国イギリスの人、例のブラッドショーだったが、後に現われたトマス・クック（Thomas Cook, 1808–92）の作ったもののほうが今日まで生き延びている。クックは世界で最初に旅行代理業（travel agency）という仕事を思いついて、それを実行に移すなど、天才的なアイデアの持ち主であった。そこで、国際版鉄道時刻表の話の前に、クックという人物について簡単にふれておこう。彼はイギリス中部にあるLoughborough【lʌ́fb(ə)rə】という小さな町で、小さな印刷屋をやっていた。まじめなキリスト教信者で、とくに禁酒同盟（temperance society）の熱心なメンバーだった。

さて一八四一年七月のこと、彼の住む町で禁酒同盟の大会が開かれることとなった。地元メンバーとしては、なるべく多くの人に来てもらって、会を盛り上げたいと願うのも当然だ。彼の頭に天才的アイデアがひらめいたのは、この時である。

“cheaper by dozen”「一ダースなら（より）安くなる」という言葉があるではな

いか。汽車旅行だって同じであるべきだ。

こう考えた彼は、さっそく地元の鉄道会社へ掛け合いに行った。近くの大都会である Leicester【lésta】から、大勢の禁酒同盟会員が、同時に同じ列車で Loughborough にやって来て、また同時に帰って行くことになっている。まとめて割引運賃（reduced fare）というのはどうか。

鉄道会社としても、あらかじめ多くの客が来るのがわかれば、いろいろ好都合なので、この商談はまとまり、ここに世界最初の団体割引（party reduction）制度が生まれた。

この試みは大成功だった。個々の大会参加者にしてみれば、自分でキップを買ったり、列車の時刻を調べたりする手数がはぶける上に、全部クックにお任せにしておけば、運賃まで安くなるのだから、文句の出るはずがない。地元の禁酒大会は予想外の大盛会となった。

これですっかり自信をつけたクックは、さらにもう一歩進めて考えた。他人に禁酒をすすめるには、お説教をするよりは、酒に代わるもっと健全な娯楽を教えてやればよいではないか。その娯楽が観光旅行だ。そこでクックは一八四五年に団体観光旅行を企画し、安い値段で大勢の客を引きつれて、一切の世話をやいた。参加者にガイドブックを配ることとし、その印刷を自分の店で引き受けるなど、商売もチャッカリ忘れないあたり、お見事だ。

運のよいことに一八五一年の夏、ロンドンで開かれた「大博覧会」(The Great Exhibition) ——つまり、現在の万博の第一回にあたるもの——に、イギリス各地からどっと観光客が押し寄せた。その団体旅行のお世話や、個人客にいまでいう「パックツアー」の周遊券やらホテル券やらを売る仕事で、クックは大忙しとなった。

とうとう本業を印刷屋から旅行代理店に変え、Leicester 市に「クック商会」を創立した。万博が終わった後も、イギリス人は旅行の楽しさを忘れず、ヨーロッパ大陸の外国へも足を延ばす客が急増した。このあたりは、一九七〇年の万博後の日本とよく似ている。

クック商会は海外旅行の世話で急成長し、パリで万博が開かれた時、それから後では毎年のように、ヨーロッパ観光団を組んで、多くのイギリス人を送り出した。とうとう一八六五年には、本社を地方都市から首都ロンドンに移し、クックの名はイギリス全国はもちろん、ヨーロッパ大陸にもとどろいた。

ヨーロッパ旅行者のために、時刻表兼ガイドブックの第一号を出したのが一八七三年三月のことである。それ以来、“Thomas Cook Continental Timetable” は、今日まで続いて刊行されている。（現在は Continental が European に変わりイギリスも含めている）

その十年後の一八八三年十月四日 “Orient Express” の第一号が、パリを出発した。この時はまだ終点のトルコの Constantinople（現在では Istanbul）まで線路がつながっていなかったから、一部は船を利用した。

それから、多くの国際列車がヨーロッパ大陸を縦横に走ったが、クックの時刻表は国境を越えて鉄道旅行をする人にとっては、なくてはならないお伴となった。

もちろん全部英語で書かれているが、最近は難しい注意書きの部分だけを日本語に訳した日本版が（ダイヤモンド・ビック社から）売り出され、日本各地で簡単に買えるようになった。この時刻表を愛用する日本人がそれだけ増えていることが、これでわかるだろう。

ヨーロッパ以外の世界各地の鉄道については、同じクックの “Overseas Timetable”（これはまだ日本版はないが近く出る予定という）を見るとよい。もちろん日本の主要線も載っている。

アメリカ鉄道の巻き返し

アメリカの列車時刻表はどうであろうか。そのためにはまず、日本やヨーロッパと違ったアメリカ独特の鉄道事情から話を始めよう。

日本とは反対に、アメリカの鉄道は旅客が大赤字で、貨物で稼いでいる。大都市近くの通勤列車を別にすると、鉄道で旅行する人はとても少ない。飛行機と自動車にほとんどの客を奪われてしまったのである。

ところが貨物について言うと、鉄道で運ぶのがいちばん経済的だ。大きな国土の端から端まで、大量の貨物を運ぶためには、鉄道はなくてはならない交通機関だ。大型の貨車を百輌以上もつないだ、二キロ近くの長さを持つ貨物列車を、機関士と車掌の二人だけで動かせるのだから、トラックで運ぶのとはケタが違う。

だからアメリカの鉄道では貨物列車が主役で、旅客列車は小さくなっている。旅客列車が赤信号の手前で長いこと待たされていると、長い貨物列車が偉そうに追い越していく、というのは、ごくあたり前の風景である。なにしろ稼ぎが違うのだから、文句は言えない。

アメリカは一八三〇年の鉄道開業以来国鉄というものがなくて、全部私鉄ばかりだったが、赤字続きの旅客部門をどんどん廃業し、このままでは全アメリカから、巨大都市以外は旅客列車が消える日も近いのではあるまいか、とだれもが思いはじめた。

そこでアメリカ連邦議会（Congress と呼ぶ。本来は多くの国の代表が参加する国際会議を意味する語。この国では各 state が独立した国と考えられているからである。イギリスや日本の国会は、parliament【pά:ləment】である）が長い間検討した末、一九七〇年に新しい法律を可決させた。

このようにして一九七一年五月から、全米の多くの大手私鉄の旅客部門をまとめた公社が発足した。正式には National Rail Passenger Corporation（アメリカ鉄道旅客輸送公社）であるが、Amtrak の名前で広く知られている。

Amtrak は車輛と従業員は持つが、線路や駅は従来の私鉄のものを使うことが多い。赤字が出たら連邦政府から助けてもらう親方星条旗だが、省エネルギー政策にも協力することになるし、かなり国民の理解を得て、ゆっくりとではあるが成功の道を歩いている。

Amtrak が経営しているのは、長距離と大都市近郊の旅客列車で、まだ黒字というわけにはいかないが、新しい車輛も続ぞく入り、鉄道は斜陽という暗いイメージから脱出することができた。

とくにNortheast Corridor（北東回廊）と呼ばれる路線は、アメリカ東海岸地域の、北はBostonから、NewYorkを経て、首都Washington, D.C.（= District of Columbia）まで、人口が多く、人間の往き来のはげしい地域を通るので、ドル箱となっている。Metrolinerという名の、「アメリカの新幹線」として評判の高速列車が、飛行機の客を奪い返すほどとなった。とはいっても、数分おきに走る日本の新幹線とは比較にならないほど、本数は少ない。

だから、大陸横断の長距離列車ともなれば、一日に一往復がいい方で、週に三往復というのもある。長距離列車に乗るのは用事のない人、旅をゆっくり楽しみたい人、主としてお年寄り、それから家族連れがほとんど、というお国柄である。

これでわかるように、あんなに広いアメリカだが、旅客列車の数は信じられないほど少ないのだから、列車時刻表もごく簡単なものとなってしまう。それを使うのは鉄道従業員や旅行社社員などプロが主で、一般のお客でわざわざ買う人はほとんどいない。案内所へ行けば、パンフレット式の時刻表が、いくらでもタダでもらえるのだから、無理もない。

アメリカでは、時刻表は、しばしばscheduleという。発音はskédʒu:l（イギリスではʃédju:l）だ。日本で“Amtrak Train Schedules”というパンフレットを、割合簡単に手に入れることができるから、アメリカの長距離列車の路線や時刻は、いながらにしてわかる。もちろん“Cook's Overseas Timetable”（前項で説明した）を見てもわかる。

Amtrak列車が日本の新幹線やブルートレインと違うのは、その設備がぐんとデラックスで、種類が多いことである。いちばん安い普通客車coachでも、新幹線グリーン車なみ。

bedroomにはeconomy, deluxe, special, familyといろいろあり、これは二人またはそれ以上。一人用寝室にはroometteやslumber-coachがある。もちろんdiner（食堂車）や二階造りの客車もある。なにしろ急ぎの用事ではなく、旅を楽しむのが目的のお客さまがほとんどなのだから、鉄道側も施設やサービスに気を使わなくてはいけない。

面積も風土も日本とは違うアメリカの話と、無関心でいてはいけない。新しく出発した日本の鉄道も、うかうかしているとアメリカの二の舞いとなるかもしれない。Japtrakなどができないことを祈る。

日本の時刻表いまむかし

日本の時刻表について書こう。もちろんのことだが、明治五年の鉄道開業とともに、駅には列車の時刻表が掲示された。

おもしろいことに、そのころは「時」ではなくて「字」を使っていた。例えば「川崎・午前八字廿六分」という具合。もちろん縦書きで、すべて漢数字を使い、アラビア数字はない。「廿」「卅」はそれぞれ「二十」「三十」を意味する。お年を召した方には、なつかしい書き方であろう。

ついでに運賃も記しておくと、新橋——横浜（いまの桜木町）間約二九キロの「賃金」は上等一円十二銭五厘、中等七十五銭、下等三十七銭五厘であった。子供は四歳まで無料、十二歳までは半額。

鉄道が少ない間は、駅に張り出しておくだけでよかろうが、全国に網が広がるにつれて、これでは不便となる。そこで、あちこちの民間業者が全国の主要列車の発着時刻を一枚の紙にまとめて印刷し、それを売り出すようになった。

明治二十二年（一八八九）に新橋—神戸間の東海道本線が全通したので、全区間直通列車を一往復走らせた。下りは新橋発午後四時四五分、神戸着翌日の一二時五〇分、二十時間五分かかる。途中止まらない駅もいくつかあったが、まだ「急行」とは名乗っていない。全区間の下等「賃金」は三円七十六銭であった。開業時の新橋—横浜間の十倍だから、かなり安くなったものだ。

以上のようなことを、明治二十二年十二月十六日に、東京・下谷の車坂町（現在の東京都台東区、上野駅の近く）の改正舎というところから出版された、一枚刷りの「大日本全国各鉄道汽車発着時刻並賃金表」によって、知ることができる。すべて漢数字、縦書きだが、さすがに「字」ではなくて、「時」となっている。

全国の列車を収録して一冊の本としたもの、つまり『時刻表』の最初といわれているのは、明治二十七年十月に創刊した『汽車・汽船旅行案内』（庚寅新誌社。定価六銭）である。続いて明治三十五年には交益社から、明治四十年には大手出版社である博文館から、同じような本が発刊され、三社が互いに競争し合うようになった。どれも漢数字・縦書きで、普通の本と同じく各ページの右端がとじられ、左から右へとページをめくる形をとっていた。

現在私たちが普通に見ているような形の時刻表第一号は、大正十四年四月に創刊された『汽車時間表・付汽船自動車発着表』（翻刻販売元・日本旅行文化協会。定価五十銭）である。「鉄道省運輸局編さん」と表紙に堂どうと書かれている。これが今日の『時刻表』まで続いてきたわけだ。

大正十四年の『時間表』は、外国のものにならったハイカラな体裁で、アラビア数字・横書きで、洋書と同じくページの左端がとじられ、右から左へとページをめくる。駅名索引までついているが、これは現在よりもずっと親切だ。

ただ、表題が『時間表』というのは不正確だが、当時の一般の習慣に従ったのであろう。正しい『時刻表』に改められたのは、何と昭和十七年十一月のことだった。

この年と月は、日本の列車時刻表の歴史だけではなく、鉄道の歴史の中でも重大な位置を持っている。日本最初の海底トンネルである、関門トンネルが開通して、昭和十七年十一月十五日に、全国の省線（当時は鉄道省の管理下にあった）のダイヤ大改正が行なわれた。特急「富士」が東京発長崎行きになるなど、鉄道ファンにはこたえられない大事件だった。

しかし、その時すでに日本は大戦争（大東亜戦争と呼ばれていた）に突入しており、新しい時刻表の発行所も、「東亜旅行社」となっていた。戦前は、ジャパン・ツーリスト・ビューロー（Japan Tourist Bureau）、戦後は日本交通公社となった。

広告の中に「備え優良防空資材!!」とあって、鉄カブト、手押しポンプ、メガホン、火タタキ（何のことかおわかりになる方は、もうかなりのお年だろう）などの名前が並んでいる。不気味な予感がただよっている。

もうひとつ大きな変化は、この時から二十四時間制が行なわれたことで、もちろん時刻表もそれに従っている。これも軍の圧力によるものだろうが、この制度自体は合理的なものだから、戦後もそのまま残って、いまに及んでいる。これ以前は午前は細い活字、午後は太い活字を使って区別するなど、いろいろ面倒が多かった。

日本の鉄道時刻表にぜひ望みたいことがある。これまでのように国鉄中心、私鉄はおまけ、というやり方を変えてほしい。国鉄は全部の駅名が記されているが、私鉄、とくに地方の小私鉄は大幅に削られている。列車発着時刻も、私鉄はひどい差別を受けている。

以前は「国鉄監修」だったのだから、仕方ないのかもしれないが、いまは全部私鉄なのである。差をつけるのはおかしいではないか。

列車時刻表は何のために

列車時刻表は何のためにあるか。きまっているじゃないか、列車で旅行する人のためさ――こんな答えが返って来るだろうと思う。だが、毎月何十万部と出ている時刻表を買う人の全部が全部、旅行をしたり、旅行のお手伝い（例えば会社で出張の日程を作ったり、旅費の計算をしたり）をするために、あれを使っているのだろうか。数はそう多くはあるまいが、これとは違った使い方をしている人も、いるのではあるまいか。

例えば、空想旅行をやりたいために買う人。お金がないとか、忙しすぎるとか、病気で寝たきりとか、その他いろいろな理由で、旅のできない人であっても、時刻表一冊あれば、空想の翼に乗ってどこへでも飛んで行ける。

富士の山　夢に見るこそ果報なれ
　路銀もいらず　くたびれもせず

と歌をよんだ江戸時代の人がいたが、現代の私たちは、富士の山どころか、アルプスでもアンデスでも、シベリアの平原でも、時刻表から夢に見ることができる。

トラベル・ミステリー、時刻表トリックによる推理小説が、いまブームを呼んでいるが、その大きなきっかけを作ったのが、松本清張氏の『点と線』（昭和三十三年）であることは、ご存じの方も多いだろう。

あの作品の中に、時刻表をそのように使っている女性が登場する。医者から安静を命じられているために、じっと床に横になっているが、眠れなくて困ることがよくある。彼女の夫は出張が多く、必要で買ってから不要になった時刻表が、家の中にころがっていた。そこで何げなく一冊を開いて読んでいるうちに、面白い発見をする。

ある時刻、日本じゅうのどの駅で、どんな列車が止まったり動いたりしているだろうか。その駅名から、そのあたりの風景を空想する。どんなお客が、どんな用事で、その列車に乗っているか。こんなことを考えると、病床の退屈がまぎれるし、空想の旅の楽しさを十分に味わうことができる。これは鉄道時刻表ならではのことで、例えば飛行機時刻表では無理だろう。

もっとマニア度が高まると、例えばある各駅停車列車が、どの駅で急行・特急などに追い抜かれるか、単線区間であれば、どこの駅で上りと下りがすれ違うかを推理する。ダイヤグラムがあれば、だれでもすぐにわかる。時刻表の数字だけから当たりをつけるには、ちょっとしたコツがいるが、慣れればだれにでもすぐできる。

大きな駅だと、各列車の着と発の両時刻が書かれているが、小さな駅では発時刻だけしか記されていない。各駅停車列車のA駅と次のB駅の発車時刻を比べると、各列車ほぼ同じ差となっている。つまり、この差とは両駅間を普通の列車が走るのに要する時間、と考えてそれほど間違っていない。小さな駅の停車時間は、通常三十秒以下のごく短いものだから。

ところが、ある列車だけ、A駅B駅の発時刻の差が、他と比べてひどく大きいことがある。これはB駅でかなり長く止まっていることを意味する。なぜ長く停車するのか。追い抜かれるため、または行き違い列車を待つため、と考えてよいだろう。

時刻表を使った遊びには、次のようなものもある。ある駅を出て、鉄道だけを使って、那覇以外の全部の都道府県庁所在地の駅を通って（降りなくてもよい）、また同じ駅に戻るのに、もっとも短い時間でやるにはどうしたらよいか。急行・特急・寝台料金など、運賃以外の金を払ってはいけない、と厳しい条件をつけると、ますます面白くなる。

もっとすごいのになると、作家の宮脇俊三さんのように、まだ開通していない路線の列車時刻表を作る、というのがある。詳しくは宮脇さんの『線路のない時刻表』（新潮社刊）を読んでいただくと分かるが、例えば青函トンネル開通前の青森――函館間の時刻表を、「国鉄非監修」で、早くも作ってしまっているのだ。

外国の時刻表を読むのは、その国の言葉を勉強するもっとも効果的で、もっとも楽しい方法だと私は思う。前に紹介したCookの国際時刻表を精読すれば、英語の勉強にもなるし、世界旅行を自宅でいながらに、安くやってのけることができる。

スイスで発行されている時刻表を一冊買ってくれれば、英・独・仏・伊の四カ国語の勉強ができる。巻頭についている一般的説明は、この四カ国語で書かれているからだ。

時刻表本文は、その地域で主に使われている言葉で書かれている。ご存じの方も多いと思うが、スイス語というのはない。ドイツ、オーストリアに近い地域（これがもっとも広い）ではドイツ語、フランス寄りではフランス語、イタリア寄りではイタリア語（それからごくわずかだがレト・ロマン語）が用いられているのだ。

スイス旅行をしたいという人は多いと思うので、ぜひ行く前に時刻表で勉強をやってごらんなさい。

有名列車きみの名は

外国の時刻表を使って語学の勉強をやる時に、もっとも楽しいことの一つは、有名列車につけられている愛称の意味を調べることである。

どこの国でも、看板列車にはなるべく魅力的な名前をつけて、お客を呼ぼうとする。その中でも、とりわけ壮大で素晴らしいのはAustraliaを三泊四日かけて東西に横断するIndian-Pacific（アクセントはcífにある）号であろう。なにしろ世界の大洋の名を二つくっつけているのだから。

そして看板にいつわりはない。The Indian Oceanに面したPerthと、The Pacific Oceanに面したSydneyの二大都市を結んでいる。設備も超豪華で、シャワー付き寝室もあり、サロン車にはピアノまである。カラオケで満足しているわが国のサロン・エクスプレスとは段違い。

アメリカの列車には、例えばBroadway Limited（Chicago――New York）Sunset Limited（New Orleans【ɔ́ə(r)liənz または ɔə(r)lí:nz】――Los Angeles）などのように、Limitedのついたものが多い。つまり、客の数を定員だけに限定しているという意味で、それだけサービスの質がよいと保証している。日本では特急列車すべてにLimited Expressと書かれているが、言葉の正確な意味でのLimited Expressは、ごく少ない。

ヨーロッパへ行くとFranz Schubert シューベルト（Basel――Wien）Mozart モーツァルト（Paris――Wien）Lehar レハール、（Budapest ブダペスト――Wien）Johann Strauss ヨハン・シュトラウス（Köln ケルン――Wien）など、音楽愛好家が聞いたらこたえられないような名の列車がめじろ押しだ。

Wagner ワグナーのファンなら、その楽劇の名を取ったRheingold【ráiŋgolt】（ラインの黄金。Amsterdam――Basel 途中ライン川に沿う絶景の中を通る）、Parsifal パルジファル（Köln――Paris）など、聞くだけで胸がはずむだろうが、前者はなくなってしまった。

文学好きをうっとりさせる列車もある。Goethe ゲーテ（Paris――Frankfurt）Molière モリエール（Dortmund――Paris）Stendhal スタンダール（Paris――Milano）など。

美術愛好家のためには Tiziano（Hamburg——Milano）Rubens（Brussels——Paris）Rembrandt（Amsterdam——Chur）などはいかが。

列車の速さを誇るために、flying とか arrow を付けた名が多いのも、うなずけるだろう。The Flying Scotsman（London——Edinburgh【édinb(ə)rə】——Glasgow）は、永いことLondon Kings Cross 発午前一〇時という開業以来の伝統を頑固に守っていた。

Golden Arrow は残念ながら、いまではなくなってしまった。London から Dover へ行く豪華列車で、終点で連絡船に乗りかえて、英仏海峡を渡ってフランスの Calais カレーに着くと、Paris 行きの Flèche d'Or【fleʃdor】が待っていた。このフランス語も「黄金の矢」の意味である。

「黄金の矢」はすでに消えてしまったが、「赤い矢」は健在である。ソ連の Moskwa と Leningrad を結ぶ寝台特急で、スピードはそれほどではない（朝早く着きすぎても困るから）が、設備はソ連一だ。日本の西武鉄道にもレッドアロー号（池袋——秩父）があることをお忘れなく。

沿線の山、川、海、湖、名所旧跡などを使うのは、日本も外国も同じである。Helvetia というのはスイスを呼ぶ古名だから、Hamburg——Zürich チューリッヒ間の列車に付けられたのも納得がいく。わが国にも「しなの」とか「出雲」とかがある。

だが、日本の愛称と外国のそれとを比べてみると、一般に日本の方がおとなしいというか、無難で、抽象的・無機的——文句のつけようはないが、人間くさい個性が足りないように思える。

「ひかり」「こだま」は、どこを走っている列車につけてもいいわけで、特に東海道山陽新幹線でなくてはいけないという、強力な結びつきがない。事実「ひかり」はかつて九州のある列車についていたものだった。

中央本線の名古屋——長野間の特急に「藤村《とうそん》」とか「夜明け前」とつけたら、東北新幹線列車に「芭蕉」とか「奥の細道」とかつけたら、列車と名前との間には切っても切れない結びつきができるだろうし、土地の人がその列車に感ずる愛着も、もっと強まるのではあるまいか。（もっとも藤村嫌いの人は絶対に乗るものか、と言うかもしれないが。）

「勧進帳《かんじんちょう》」という列車を北陸本線に走らせたら、と前に書いたが、必ずしも冗談ではないのだ。私たちの先輩は機関車に「義経」とか「弁慶」とか名前をつけることができたのに、どうして現代の人は機関車や列車に、もっと人間くさい名前をつけることを、ためらってしまうのだろうか。

Hikari を Hokusai に、Kodama を Hiroshige に変えれば、外国人旅行者は新幹線に対して、もう少し人間らしい感情を抱くと思うのだが。

チンチン電車のご先祖

チンチン電車とは、市内の道路面に敷かれた線路を走る電車のことで、運転手が足でベルをチンチンと鳴らして、通行人や道路の上の他の車に警告を発しながら、町の中を走っていた、かわいらしい電車である。

いまでは、路面電車のある都市は、日本ではかなり少なくなってしまった。例えば、広島、長崎、函館などへ行かねばならない。そこの市内電車も、いまではチンチン音を鳴らしているわけではない。

こうした市内電車のことを、イギリス英語では tramcar アメリカ英語では streetcar と呼ぶ。streetcar は文字通り street（本来の意味は「舗装された道」、そこから一般に「街路」）を通る car とすぐ理解できるが、tramcar とは何のことだろうか。

大きな辞書を引くと、tram とは、もともと手押し車の柄のことであったらしい。それから、昔のイギリスの鉱山や炭坑の荷車、トロッコの意味に変わった。だから、人が押したり、馬が引いたりするものである。horse-tram という言葉もある。

そのうち、荷物だけではなく人間を乗せて馬が引き、レールの上を走る車、つまり鉄道馬車の意味になった。そして、次項で詳しく述べるように、十九世紀の終わりころに電気によって動かす車が発明されると、鉄道馬車ではなく路面電車が tram（car）となった。

というわけで、チンチン電車のご先祖さまは、鉄道馬車ということになる。十九世紀には欧米の都市で、よく見られた交通機関である。イギリスでは、乗合馬車と同じように、なるべく多くの客を乗せようと欲ばって、屋根の上にまでいすを並べて、そこにも客を座らせた。車内を inside　屋根席を top と呼んだ。

お天気のよい暖かい日なら、屋根の上は見晴らしがよくて気持ちよいだろうが、寒い雨や雪の日の屋根の上はたまらない。だから、屋根席にも屋根をつけ、側面を窓と板でかこってしまい、二階建て（double-decker）の車にした。それなのに、古いものを大切にするイギリス人は、いまでも二階建てのバスの一階席を inside　二階席をtopと呼び続けるのだ。二階席もいまではinside（内側）なのだが、あまりやかましく気にはしないらしい。

日本でも明治時代には鉄道馬車があちこちにあった。もっとも早いのは、明治十五年六月新橋ステンショ（前にも書いたがstationを、当時の人たちはこう呼んだ）から、銀座通りを経て日本橋まで開業した、東京鉄道馬車である。同じ年に銀座通りにはアーク灯の街灯が設けられ、赤レンガの建物が並ぶ大通りの中央の線路の上を、鉄道馬車が走るというわけで、日本一モダンな名所となった。

路線はさらに日本橋から上野に延び、そこから浅草へ、さらにそこからぐるっと廻って日本橋に戻る、英語のP字形を描いた。明治十六年には、現在の東北本線・高崎線の前身である、日本最初の私鉄、日本鉄道の始発駅である、上野駅が開業したから、鉄道馬車は東京の二大ターミナルを結ぶ、重要路線となった。

車輌数は三十一輌、馬は常備が一九六頭、予備三十頭、人間の職員は馭者《ぎょしゃ》、車掌が一六七人であった。車一輌当たり馬が七・三頭、人間五・四人である。馬の方は一日三交代だが、人間の方はもっと労働時間がきつかったことが、これでわかる。

通常二頭の馬が一輌の車を引いたが、この路線は途中けわしい坂があるわけではないから、二頭分の力（つまり二馬力2 horse-powers）を必要とするのは動き出す時だけで、いったん走り出してしまえば、一馬力で十分だった。

それに当時は信号による停車はなく、道の中央を大いばりでまかり通っていたのだから、動き出しのガンバリは、そう多くは必要としなかったろう。だから、引っぱる馬にしてみれば、いつも全力をふりしぼらなくてもよかったわけである。面白いことに、二頭のコンビで、一頭の方が猛烈社員のように、いつも全力を出しきって働いていると、その相棒はガンバっているようなふりだけして、サボる傾向があったという。人間の社会でも、二人が組んで仕事をしていると、同じようなことが起こる。はたして鉄道馬車の馬の給料（つまりマグサ）に、勤勉手当の差がつけられていたかどうかは知らない。

文明開化の symbol のように思われた鉄道馬車であったが、道路に馬フンなどをまき散らす、いまでいう公害 public nuisance【njú:səns】が大きいので、やがて電車にとって代わられることとなる。

上を走る車は代わっても、下の線路は同じである。東京の銀座通りには、鉄道馬車以来の線路がそのまま続いたが、昭和四十二年（一九六七）十二月九日の夜、四分の三世紀にわたってのつとめを果たし終えた後、永久に消えることとなった。

市内電車の復活

世界最初の電車は、いつ、どこで走ったのか。実用ではない模型は、一八三五年にアメリカ人 Davenport【dǽev(ə)npɔːt】が製作して人びとに見せたのが、最初といわれている。

人を乗せる実用としての電車となると、それよりもずっと後のこととなる。ドイツ人の電気技術者である Werner von Siemens【vérnə fən zéːməns】(1816–92) が考案した小さな二十人乗りの木造の電車が、一八七九年 Berlin で開かれた産業博覧会で走って、人びとをアッと驚かせた。その二年後の一八八一年、Berlin 近郊のリヒターフェルデ (Lichterfelde) という所に、四キロほどの電車線が開通して、ジーメンスが作った電車が、常時客を乗せて運転された。これが普通の意味での電車誕生と言ってよいだろう。

このころは蒸気機関車の引く鉄道や、鉄道馬車の全盛時代であったが、新しい科学技術である電気の生んだ優良児は、便利な交通機関として歓迎され、たちまち世界じゅうで使われるようになった。とくに大都市の道路や、地下鉄では、馬フンをまき散らすこともなく、煙で客を悩ますこともない電車に、人気が集まった。後に述べるように、一八九〇年にはロンドンのテムズ川の下を通る地下鉄に、電気機関車が引く客車の列車が走った。

日本では、明治二十三年（一八九〇）東京の上野で開かれた内国勧業博覧会で、東京電灯会社の技師、藤岡市助が、アメリカから買い入れた電車二輛を、五百メートルほどの線路の上で走らせて見せたのが、電車運転のはじまりである。

続いて明治二十八年（一八九五）、京都市の塩小路（JR京都駅の近く）から伏見まで、日本最初の実用の市電運転がなされた。現在、名古屋近くの明治村で動いている、かわいらしいチンチン電車は、このころ京都の市内を走っていたものと、ほぼ同じ形である。もちろんスピードは遅く、電車が走る前を人間が走って、「これから電車が来るから、どいて下さーい！」と叫んでいたという。

その後スピードも増し、車輛も大型になって、大正から昭和初期までは、路面電車が都市交通の王者であった。日本のほとんどすべての大都市には、市電が通っていた。最初はすべて私営だったが、統合して市が経営する場合が多くなった。市民の足としての重要性が認められて、金もうけのためではなく、公共のための事業としなければならないという、世論が高まったからである。

だが、昭和十年ころから bus と taxi が一般に広まり、市電の客を奪うようになった。遅くて騒音がひどい路面電車に比べると、bus はより運賃が高く、taxi はもっとぜいたくな乗り物だったが、ずっと快適であった。

戦争中、ガソリン不足で消えてしまった自動車は、戦後になってから、戦前の何倍もの力で復活した。線路のあるところへしか行けない鉄道とは違って、道のあるところならどこへでも行ける自動車の便利さは、年とともに認められ、motorization という言葉が、一般の日本語として日常使われるほどにすらなった。

大都市の道路は自動車で埋めつくされ、市電がその中で身をすくめて立ち往生している光景が、あたり前となった。そして邪魔物扱いされた市電は、次第に姿を消さねばならなくなった。

日本だけではなく、アメリカやイギリスでも事情は同じだった。しかし、ヨーロッパの都市は違う。特にドイツ、オランダ、ベルギー、北欧・東欧の諸国では、市内路面電車に対する見直しが行なわれた。市電とは遅くて、やかましくて、乗り心地の悪いものだ、という従来の常識を一変させる努力がなされた。

特にドイツのデュッセルドルフ（日本の商社などが多い大都市）にある、路面電車製造会社が、速くて静かで乗り心地のよい電車のお手本を開発して、西欧の各国へ売り込んだ。東欧圏でもハンガリーやチェコで、新しい市電が作られて、ソ連を含む各国にお目見えした。

市電がそのまま郊外電車線に乗り入れて、速いスピードで遠くまで行くようにすれば、通勤客や買いもの客は自宅から市の中心まで乗りかえなしで行けて便利だ（広島ではこれを実行している）。渋滞のひどい地点では市電の線路だけをごく浅い地下に潜らせれば、まき込まれないですむし、地下鉄を建設するほどの高額の費用を払う必要もない。

最近、自動車排ガスによる大気汚染（air pollution）の公害がやかましく論じられたり、オイル・ショック以来省エネのかけ声が高まったりして、自動車天国のアメリカですら、都市交通における市内電車の見直しが行なわれつつある。

日本でも近年やっと軽快電車という名の近代的市電が開発され、例えば広島や富山などで話題を呼んでいる。チンチン電車はいまや新しい衣をまとって、大都市で復活しようとしている。

地下鉄のはじまり

地下鉄のことをイギリス英語で underground（railway）といい、アメリカ英語で subway ということは前に書いたが、その地下鉄について。

世界最初の地下鉄は一八六三年一月十日イギリスのロンドンで開業した。日本ではまだ明治維新の前で、ずいぶん昔のことである。ロンドンは古い町で、石造りやれんが造りの家がびっしり立てこんでいたから、そこに鉄道線路を敷くことは大変難しい。そこで、外から延びて来た鉄道はロンドン市の周辺に終点駅を造って、あきらめるしかなかった。

鉄道で来たお客がロンドン市の中心へ行くには、終点駅で馬車に乗りかえなくてはいけなかった。今日のタクシーに当たる馬車を cab といい、今日のバスに当たる乗合馬車は omnibus 略して 'bus といった。つまり乗合馬車が乗合自動車になっても名前が変わらなかったのだ。もともとはラテン語で「すべての人のために」という意味だったから、馬車にも自動車にも使える便利な言葉だ。

ロンドンが発展して人口が増え、交通量が急に増えたが、家が立てこんでいるので簡単に道路を広げたり、新設することができない。だから、昔のままの狭い道路はいつも車で押しあいへしあいで、時間はかかるし、事故が多い。

雑踏・渋滞のことを英語でjamという。ロンドンにはBread Street（パン通り）があり、Butter Hill（バター丘）という地名もある。ではJam Streetはありますかと尋ねたら、あるとも、ロンドンじゅうどこにもある、と答えるジョークは有名だ。

市内交通のまひをどうやって解決したらよいか、と人びとが頭をひねった末に、だれかが、地下に長いトンネルを掘って、そこに鉄道を通したらいい、という名案を思いついたのである。ところが、困ったことに、当時はまだ電車が発明されていないころだから、列車はすべて煙を吐く蒸気機関車が引いていた。地下のトンネルを走らせたら、お客は煙で息がつまって死んでしまうのではないか。

石炭を燃やすかわりに、熱したれんがで蒸気を発生させたらよい、と発案した人がいたが、英国版石焼きいものような機関車は、実用には役立たなかった。結局のところ採用された名案は次のようなものだった。

地下鉄線路を建設する時には、まず地面を掘って溝を造り、その後でふたをする（これは現在でもかなり広く行なわれている工事方法である）。ところどころにふたをしない場所を設ける。そこで機関車は思いっきり煙を吐き出し、トンネル内では煙を出さないようにする。

このやり方でロンドン市内 Paddington Station から Farringdon Street まで、約五キロほどの距離の世界最初の地下鉄列車が一八六三年に走り出したのである。Paddington Station はロンドンからイギリス西部へ向かう鉄道の始発駅で、「くまのパディントン」“Paddington Bear” という童話をご存じの方もいるだろう。

地下鉄は馬車より速いし、途中 jam もないので、お客さんに評判がよかったが、機関車がトンネル内で煙をぜんぜん吐かない、ということは不可能だから、窓を閉めても煙が客室内に入って来て、顔や着物が真っ黒になってしまうのが欠点だった。紳士もレディーも、ハンカチを口に当てるが、みなコンコンせき込んでしまう。それなのに車内には NO SMOKING（禁煙）という掲示が出ていたというから、イギリス人のユーモア（humour　アメリカでは humor）もたいしたものだ。

この鉄道もイギリスの当時のすべての鉄道と同じく私鉄で、名前を Metropolitan Railway といった。訳すと「首都鉄道」であるが、略して Metro と呼ばれた。

そのうち一九〇〇年に、フランスの Paris で地下鉄第一号が開通したが、これも「パリ首都鉄道」（英語に訳すと Metropolitan Railway of Paris）という名前だった。ロンドンをまねたのであろう。パリでも Metro と略して呼ばれるようになった。

とうとう Metro とは「地下」のことと思い込んでしまう人が多くなった。日本でもそうだ。「メトロナード」とか「メトロシティー」などという言葉があちこちで使われているが、みな「地下」に関係がある。かつて私が勤めていた東京都立大学を、英語に訳すとTokyo Metropolitan Universityとなるが、「エッ、地下にある大学ですか！」といったあわて者がいた。これは冗談ではない、ほんとうの話。

Metroはいまや世界共通語で、ドイツでもソ連でも、どこの国でも通じる。地下鉄のある町は首都・大都会に見えてカッコいい、と思う人もいるらしい。立派な近代都市らしい箔《はく》をつけるために、わざわざ地下鉄を造ろうといい出す町さえある。

実をいうと、地下鉄を必要とするのは、交通事情が最悪の都市である。これは百三十年ほど前にロンドンが証明していたのだ。

地下鉄の発達

一八六三年ロンドンで開業した世界最初の地下鉄は、煙に悩まされはしたが、便利な市内交通として重宝がられ、路線もだんだん延びていった。ロンドンのいくつもの鉄道ターミナルを結んで、市内を一周する環状線（Circle Line）が一八八四年に完成した。

一八九〇年十一月、電気で走る地下鉄第一号が、ロンドンの Thames（発音は temz が正しい。teimz や tɛ:ms は誤り）河底をくぐって開通した。河底の下を通る線路には、いくら何でも蒸気機関車を走らせるわけにはいかない。そんな深いところまで、煙を出す穴を掘ることはできないからだ。ドイツ人 Siemens（ジーメンス）が発明した電車については前に説明したが、電気で走る鉄道は既にあちこちで実用化されていたから、それを地下鉄にとり入れたわけである。

テムズ河底を走る地下鉄は、前項に書いたような、溝を掘ってふたをする、というような簡単な工事方法で建設するわけにはいかない。まず、河のどちらかの岸近くに深い縦穴を掘る。その底に shield（盾のこと）と呼ばれる頑丈な鋼鉄の円筒を下ろす。人間がその円筒の中に入って水平に地中に穴を掘り進める。

つまり鉄の円筒（tube）が横に地中に延び、その中に線路が敷かれている。このようにして地下深くに建設された路線を tube line と呼んだが、後にロンドン地下鉄全部を、tube と呼ぶようになった。

最初に建設された tube は直径 10 feet and 6 inches（三・二メートル）だから、その中を走る車輛は、ずいぶん小さなものだった。低い天井の下《しも》ぶくれの客車の中へ身を屈《かが》めるようにして入ってみると、何と窓がない！　tunnel の中ばかり走るのだから、窓など不要だろう、と会社は考えたのだが、客にしてみれば、まるで地下牢にとじ込められたようないやな気持ちになってしまう。いすのクッションなどは深々としているが、客の評判は大いに悪い。その後の客車には窓をつけるようになった。

後には蒸気機関車の路線も電化され、tube tunnel の直径も大きくなって、客車も大型になっていったが、一度建設した地下鉄トンネルを広げるのはとても難しい。いまでもロンドンには、天井の低い小さな電車が、小さなトンネルの中を身を細めるようにして走っているのが見られる。

地下鉄は大都会の市民の足としての便利さが認められて、その後各国で次々に開業した。日本最初の地下鉄は、昭和二年（一九二七）十二月三十日東京市の上野駅から浅草まで開通した二・二キロの路線である。間に駅が二つしかない短距離だが、東洋での地下鉄第一号であったし、完成までにはいろいろ苦労があった。

しかもこの線は、国や地方政府が経営する鉄道ではなくて、東京地下鉄道という純粋の私鉄だった。企画から完成まで、早川徳次（一八八一―一九四二）という個人が、ほとんど独力でやりとげたと言ってもよい。

地下に鉄道を造ると聞いただけで、冗談じゃないと笑うか、こわがって逃げ出す人が多かった当時のことだから、早川の計画に真面目に耳をかす人は少なく、協力する人はもっと少なかった。しかし、大都市の地上交通がどこでもまひしかかっている現在から見ると、早川はまさに先見の明のある人と言ってよい。

この時、上野——浅草間を走った地下鉄第一号電車は、第二次世界大戦後まで、元気で走っていたが、現在は通称東京メトロ東西線葛西《かさい》駅にある、地下鉄博物館に展示されている。

いま東京の地下鉄道は、New York, London, Paris に次いで世界第四位の長さを持つ。長さだけでなく、各線がそれぞれ違った個性を持っている点でも、世界に誇ってよいだろう。車輛の設備、電気のとり入れ方、gauge などなど多種多様である。

東京のほかに地下鉄を持っている都市は、開業順に大阪、名古屋、神戸、札幌、横浜、京都、福岡、仙台となる（名鉄や近鉄の名古屋駅のような、ふつうの鉄道の一部地下線は含まない）。

札幌の地下鉄は、鋼鉄のレールの上を鋼鉄の車輪が走るのではなくて、コンクリートの上をゴムタイヤの車輪が走るという点で、ちょっと変わっている。地下鉄の欠点である騒音を少なくできるという長所があり、外国でも試みられている。

これからは日本でも外国でも、地下鉄はますます増えると思われる。ただ、新しく開通する地下鉄は、既にある地下鉄のもっと下に掘られるのが通常だから、だんだん線路や駅が深くなっていくのは仕方がない。

そのため、電車に乗るまでに、または電車を降りてから、長い階段やéscalàtorやélevàtor（イギリスではliftと呼ばれる）を使って上下しなければならなくなる。そのための面倒と時間を、いかに少なくするかが今後の地下鉄の課題である。

サービスとはなにか

英語の時刻表を読んでいると、ある列車や、ある線区について“No sunday service”と書いてあることがある。はて、どういう意味だと思いますか。

「日曜サービスがない」と、訳すことができるが、あまりはっきりしない。わざわざ「ない」と断っているところを見ると、通常は日曜サービスというものがあるのだろうか。とすれば、それはどんなものなのか。

日曜日に列車に乗ると、何か特別にオマケでもくれるのか。お子さんに風船かなにかを。パパにはビールを飲ませてくれるのか。まさか。

正解はあっけないくらい簡単である。「日曜日運休」つまり、日曜日には走らない、ということ。serviceとは、何か特別に好意的なことをやるとか、無料で何かをしてくれることではない。当たり前の仕事をすることが、serviceなのである。

鉄道で言えば「営業」「運転」のことだ。“Service withdrawn between A and B”と書いてあれば、「AとB間は廃線（営業停止）」という意味である。事故などのために“Service suspended”と書かれてあれば、「運転一時とりやめ（営業中断）」ということだ。

このようにサービスについての、日本と外国の理解の違いには、十分注意しなければならない。日本人にとって当然のことと思われることが、外国では当然ではない、というケースが多くある。例えば発車のベルと駅のアナウンスなど。

日本人であれば、大きな駅で列車が出る前には、当然ベルが鳴るか、アナウンスで注意があるはず、と思い込んでいる。最近は日本の駅でも、ベルをやめたところも多いが、車掌が笛を吹くとか、アナウンスとかで、客の注意を引くのが通常である。

しかし、外国ではベルや駅のアナウンスは、特別の親切（つまり、日本語でいうサービス）であって、ない方が当たり前なのだ。発車時刻が来て列車が発車するのだから、黙って出るのが当たり前、と考えられている。そこで日本人はしばしば列車に乗りそこなってあわてることがある。

だれかがマイク（microphone）の前でしゃべり、スピーカー（正しくはloud speaker）で大勢の人に伝えるやり方を、public address systemと言う。日本では鉄道車輌やバスにこれがついているのが当たり前と考えられているが、外国ではついていれば特別の親切となる。

かりについていても、日本のようにのべつまくなしに放送されることは少ない。まったくぶっきら棒に、必要最小限のことを伝えるだけだ。しかも、機械の調子が悪いために、本国人にも聞きとれないことがしばしばある。駅の場合はアーチ屋根に反響して、不気味に聞こえることさえある。

逆に言うと、日本のアナウンスは、外国人の常識からするとサービスのやりすぎ、余計なおせっかいに思えるだろう。例えば、列車が終着駅や乗りかえ駅に近づくと、案内の後で「お忘れもののないようにご注意ください」という。日本人は何とも思うまい。しかし、これを英語でやったらどうなるか。

"Please be sure (that) you have left nothing in the coach（または car）."

とか、

"Please see that you have all your belongings with you."

で、和文英訳としては間違っていないが、外国人が聞くと変に思うだろう。そのようなことを大勢の人にアナウンスすること自体が、おかしく思えるのだ。持ち物を忘れないように気をつけるのは、客ひとりひとりの責任で、鉄道職員の仕事（つまり英語で言う意味での service）ではないのだ。

同じように駅のプラットホームに出ている駅名板に、隣の駅名まで書いてあるのも、外国ではあまり見かけない。駅名板は「そこの駅が何駅であるか」をお客に教えることが大切な役目なのだから、隣の駅の名まで教えるのは余計なお世話、と、彼らは考える。かえって客に誤解を与えるから、不親切でさえある、と。

例えば、かりにの話だが、日本になれない外国人は上図のような駅名板を見て、「ここはトウキョウという駅で、向かって右側の出口へ行くとユウラクチョウが、左の出口へ行くとカンダがある」と思うに違いない。

おそらくこの辺の事情を察しているからであろう、ローマ字表記をつけている駅名板でも、隣の駅名の下にはローマ字表記をつけていない場合が多い。これは外国人に対する不親切ではなくて、親切なのである。

このように考えるとサービスというものは、なかなか難しいものだということがわかる。親切のつもりでしてあげたことが、相手にとっては大きなお世話であったり、迷惑であることもある。その逆に、こんなことしたら相手が怒るかと遠慮したことが、相手にとってはぜひ必要なことである場合もある。

英語でやるアナウンス

前項でサービスについての、日本と外国の考え方の違いについて書いたが、それに関連して、public address system によるアナウンスのことを、もう少し続けて考えてみよう。

列車が駅を発車して間もなく、次のようなアナウンスがよく行なわれる。

「みなさん、大変長らくお待たせしました。まいどご乗車ありがとうございます。この列車は八時定時発車の博多行き特急ひかり号です」

どこにもおかしいところはない。ごく当たり前のアナウンスである。だが、これを英語でやるとしたら、どうなるだろうか。

“Ladies and gentlemen,”ここまでは問題ない。次はどうか。たとえば、“we are sorry to have kept you waiting so long.”でいいのか。英語の文章としては間違っていないが、ちょっとおかしいと思いませんか。列車が大そう遅れて発車したのならこれでよかろうが、すぐ後で「定時発車」と言っているではないか。それならば鉄道はべつにお客を長らく待たせたわけではない。発車前から待っていた客は、勝手に待っていたのだから、あやまる必要はないのだ。と、こう言えば、ふつうの日本人なら「それはその通りだが、それは理屈というものだよ。だれだって『お待たせしました』と言うのが常識だ」と言うだろう。

ところが英語では理屈通りにやるのが常識なのだ。だから、列車がメチャメチャ遅れた時でもなければ、絶対に“We are sorry to have kept you waiting.”などとは言わない。

いや、遅れてもめったに言わない。なぜなら、うっかり“We are sorry……”など公式にアナウンスしようものなら、お客から「すまないと思っているのなら、責任をとれ、損害賠償をしてくれ」と言われるかもしれないからだ。

というわけで、「大変長らくお待たせしました」は、英語では言わない方が正しい。省略するのが正しい訳ということになる。では、次の「まいどご乗車ありがとうございます」は英語ではどう言ったらよいだろうか。

"Thank you very much for taking our trains always."

これもおかしいと思いませんか。意味は通じるだろうが外国人のお客は妙な顔をするかもしれない。鉄道会社はふつうのお客には、こんなこと言わないものだ。本当にいつも「ひかり号」に乗ってくれて、顔なじみになった特別のお客に対してなら、こう言ってもよかろうが、一般の大勢の人びとにアナウンスで言うのは、やはりおかしい。

初めて「ひかり号」に乗ったお客が聞くと、恥ずかしくなって下を向いてしまうかもしれない。あるいはイヤミな皮肉だと腹を立てるかもしれない。

というわけで、これも省いてしまう方がいい。そうなると何もなくなってしまうではないか、と、ご心配なさる方は、一度「ひかり号」に乗って英語のアナウンスをお聞きになってごらんなさい。

"Ladies and gentlemen, welcome to our Shinkansen. This is 'Hikari' super-express train bound for Hakata."

これで百点満点である。以前は新幹線の英語アナウンスに、ちょっと首をかしげたくなるような時があったが、いま行なわれているものは、世界じゅうのだれに聞かせても胸を張れる。

簡単明確で、余計なことは省き、必要なことだけ十分に盛り込んである。「お待たせしました」も「ご乗車ありがとうございます」も入っていないが、なんだ無愛想と怒る客はいないだろう。"Welcome"（前に you are が省略されている）とだけ言ってもらえば満足するはずだ。

では皆さんに和文英訳の問題をひとつ呈しましょう。列車が終着駅に近づいた時のアナウンスを、英語でやって下さい。とくに、「本日はご乗車ありがとうございました。またのご利用をお待ち申しあげております」を。

いままで説明したように、直訳ではお客さまから変な顔をされるだろう。後半を、"We are waiting for your using our trains again."

では、この場合にふさわしいアナウンスとはいえまい。意訳して、話している側（つまり鉄道）の誠意が正しくお客に伝わるようにしなくてはいけないだろう。

新幹線の車内アナウンスでは、

"We look forward to serving you again."

となっているが、これなら満点をつけられる。(ついでながら"to serve"と言いたくなる人もいるだろうが、これは誤り。必ずingをつけること。)

最後に"Thank you."をつけることを忘れないように。これはアナウンスに耳を傾けてくださったことに対するお礼であり、伝達が終わったことを示す合図でもある。

車輪の並び方いろいろ

蒸気機関車を見ると、大きな車輪と小さな車輪の二種類あることに、すぐ気付く。大きな車輪には、ピストンから太い棒(rodという)が伸びている。蒸気の力でピストンが前後に動くにつれて、棒がこの大きな車輪をまわす。もっとも重要なこの大きな車輪を動輪(driving wheel)と呼ぶ。

動輪の前に、小さな車輪がついていることがある。これを、先輪(leading wheel)

と呼び、文字通り動輪を先導して、カーブを安全に走る役目をする。動輪の後に小さな車輪がついていることもある。これを従輪（trailing wheel）と呼ぶ。先輪と従輪は上に乗っている重さを、動輪だけに負担させないで、平均に分けて小さくする役目も果たしている。線路や橋が弱い路線を走る時には、ひとつの車輪にかかる重さをあまり大きくすると、危険なのである。

このように車輪の並び方（wheel arrangement）がいろいろ違うので、それを区別する呼び方がある。いちばん簡単なのは、車輪の数を先輪—動輪—従輪の順でつなぐやり方で、イギリスやアメリカではよく使われる。

例えば、現在ＪＲ西日本の山口線で活躍しているＣ五七型は、４—６—２である。Ｃ五六型は、２—６—０である。Ｃ五六型は戦争中かなりの数が南方へ送られた。映画で有名なタイとビルマ国境のクワイ川付近で使われていたものの一輛が、戦後故国に戻って、現在静岡県の大井川鉄道で元気にはたらいている。

日本ではドイツのやり方をとり入れて、片側から見た車輪の数（つまり左右の車輪をつなぐ軸の数）を、先輪（数字）—動輪（A、B、C……）—従輪（数字）の順で書く。ただし０は略す。フランスではこれを数字だけで書き、０もつける。

例えば次のようになる。

英米式	ドイツ・日本式	フランス式
4—6—2	2C1	231
2—6—0	1C	130

もっと面白いことに、英米ではこの車輪の並び方に、いろいろ呼び名をつける。例えば、4—6—2（2C1）にはPacific（アクセントはcíf の位置）、2—6—0（1C）にはMogul（発音 móugəl「モンゴル人」の意味）というように。太平洋（Pacific）があるなら大西洋（Atlantic）があるかというと、ちゃんとある。4—4—2（日本式だと2B1だが、日本には昔一型式があっただけ）である。

旧国鉄のC五八、C一二などは1C1、2—6—2だが、これはPrairie【pré(ə)ri】と呼ばれる。アメリカの中部Mississippi河中流付近の大草原地帯を呼ぶ名が与えられたわけで、いかにも壮大な感じがする。このたび北海道の小樽で生き返った巨人C六二型は、4—6—4、2C2だが、アメリカではHudson（New York を流れる河）、イギリスではBaltic（発音はbɔ́:ltik　北ヨーロッパのバルト海）と呼び名が違う。

では、おなじみのデゴイチD五一はどうか。1D1、2—8—2の呼び名は、Mikadoである。ミカドって何？　これはレッキとした日本語だ。「帝」つまり天皇を意味する。

一八九七年（明治三十年）当時の大私鉄である日本鉄道が、現在の常磐線のいわき付近でとれた石炭を運ぶための強力機関車をアメリカのメーカー Baldwin 社に注文した。これまでの2—8—0、1D（Consolidation と呼ばれる）に従輪を二つ増やした設計であったが、アメリカでもこのような車輪配列の機関車の注文は、これが初めてのことだった。

そこで注文主の日本に敬意を表して、日本語ミカドをそのまま呼び名につけた。このとき完成した世界最初のミカド型機関車は、国有化後九七〇〇型となり、これを改良した国産のD五〇、D五一、D五二は、日本の貨物用（および坂の多い路線の旅客用）蒸気機関車の代表となった。

終戦まで朝鮮や満洲（現在の中国東北地方）の鉄道では型式をすべて片仮名でつけていたが、蒸気機関車の場合はこの英米の呼び名の最初の二字を使っていた。例えばミカド型はミカ、パシフィック型はパシである。その次に12345678……を、イニサシコロナハ……に書きかえて順番につけた。

例えば、当時の鉄道ファンのあこがれだった特急あじあ号を引く、流線型の蒸気機関車はパシナという名であったが、2C1、4—6—2の車輪配列を持つ機関車の七番目の型式を意味した。このパシナ型は中国によって引きつがれ、最近また動けるようになったそうである。

ミカサは三笠を思い出させるが、1D1の第三型式である。日本にない2D1、4—8—2はMountainであるが、マウではなくマテとなり、巨大なマテイ型が大平原を突進した。

デカイという妙な名の機関車がいると思ったら、これは1E、2—10—0の文字通りデカイ機関車。アメリカではこの動輪十の機関車を、十本足の動物を意味するDecapodと呼ぶのである。英語の嫌いな軍人が威張っていた戦争中の満洲で、英語の型式をつけた機関車がデカイ顔してまかり通っていたとは面白い。

貨物列車もまた楽し

最近はどこへ行っても貨車にお目にかかることが少なくなって、とても寂しい気がする。というのは、わたしの生まれた家が貨物専用線の近くにあって、生まれてから二十八歳の時まで、毎日毎晩貨物列車の音を聞きながら暮らして来たからである。

さきの国鉄分割民営化に際しても、貨物部門はいちばんみじめで、世間からも相手にされず、まるで、そのうちつぶれて消えるのが当たり前、といった扱われ方であったが、幸いにしてその予想ははずれ、貨物会社が盛り返してきたようだ。

わたしにいわせれば当然のことで貨物列車は絶対になくてはならない一部分なのである。これはべつに、私が貨物線のそばで生まれたので、個人的な、センチメンタルな理由から弁護しているわけではない。

物資を運ぶのに、鉄道がもっとも効率のよい方法であることは、だれが見てもわかるはずだ。人間やエネルギー資源を無駄なく使うことを考えるならば、貨物列車をもっと見直すべきだろう。貨物の鉄道輸送は、いろいろ不便な欠点があったために、自動車にお客を奪われていたわけだが、その欠点さえ改善すれば、かならず鉄道による貨物輸送は復活するだろう。

前に、アメリカでは貨物のおかげで鉄道が生きのびている、と書いた。国土の大きさの違うアメリカと日本を簡単に比較するのは間違いだが、アメリカの鉄道貨物輸送に学ぶべき点もいろいろある。例えば piggy-back 方式。

piggy は子ぶた（主として子供が使う語）のことだが、これはブタとは関係ない。本来はpick-a-backがなまったものらしい。意味はオンブ、または肩車のことである。ふだんは道路を走っている貨物自動車を、そのまま鉄道のこれ専用の貨車に乗せて、線路の上を運ぶやり方である。積みかえの手間・時間・コストが節約できる便利な方法である。

こうした新しい試みを日本の鉄道が意欲的にとり入れれば、貨物部門も立ち直って、明るい未来が開けるであろう。また、新しい種類の貨車が登場すれば、鉄道ファンを喜ばせることになろう。鉄道ファンの中でも貨物のファンは極めて少ないが、貨車は種類も多く、なかなか面白いものである。

子供の時わたしは、よく線路のそばへ行って汽車を眺めたものだが、来るのも来るのも貨物列車ばかり。どれもこれも真っ黒にぬられた、見ばえのしない車ばかり。でも、そのうちに、同じような車でも少しずつ違いがあること、横腹に片仮名文字と数字が書いてあって、それが何やら意味を持っているらしいことが分かって来た。わたしが鉄道に興味を持つようになったのは、ひとつにはこの貨物線のおかげである。

当時から比較的最近まで、圧倒的に多いのが、ワという片仮名のついた、屋根のある箱型貨車であった。後で知ったことだが、ワとは英語のwagon（waggonというつづりもイギリスでは多い）から出たもので、鉄道では有蓋車《ゆうがいしゃ》と呼ぶものである。

同じ屋根のある箱型貨車でも外側だけ鋼鉄の板で覆われているのはス（steel から）、全車鋼鉄製はテとなっていたが、後にワはほとんどが鉄製となったから、わざわざこのように区別する必要はなくなった。白くぬられたレは冷蔵車であると、すぐにわかった。あちこちにすき間のある車にツと書いてあるのは、通風車で、密閉されてむれるといけない、例えば野菜などを運ぶのだと教えられた。

牛はカ（家畜車）で、ブタは二階建てになっているウ（豚積車。なぜウなのかわからない）で運ばれていた。生きた魚をそのまま運ぶ水槽つきのナ（活魚車。サカナのナであろう）という珍しい貨車もあった。

ニワトリなどを運ぶための車はパ、陶器を運ぶ車はポであったが、英語を勉強してから、パは poultry（発音は pə́ultri・もっぱら食用として飼う鳥類のこと）、ポは pottery（陶器類）から取ったものであると知った。

自動車などを運ぶク（クルマのク）は屋根つきで、連結面にドアがあった。戦後に屋根なしの二階建ての長い貨車としてクが登場したことは、ご存じの方も多いだろう。

カブースからお別れ

砂利や土、そのほか雨にぬれてもかまわないものを運ぶ貨車は、無蓋車と呼ばれ、トという記号がついたものが多かった。このトは何の頭文字だろう。

「トロッコのトです」とお答えになった方は、ほぼ正解ですが、完全な正解ではありません。正解は英語の truck【trʌk】です。

「トラックは貨物自動車のことでしょう。線路の上を走るのはトロッコですよ」

こう異議を唱える方がいらっしゃるかもしれない。実は、そこが面白いところなのだ。

truck はもともとは線路の上を走る無蓋の貨車のことであるが、日本へこの語が入った時にはトロッコとなまってしまった。土木工事で人が押したり、かわいい機関車が引いている時には、確かにトロッコの方が親しみを感じやすい。

後に自動車が発明された時に、無蓋の貨物自動車はイギリスでは lorry アメリカでは truck と呼ばれた。主としてアメリカから自動車を輸入した日本では、貨物自動車を原語により近いトラックと呼んだ。トラックとトロッコが同じ外国の単語から来ていることを知っている日本人は、それほど多くなかった。

同じような例が、セルとサージ（どちらもsergeから）に見られる。セルは和服、サージは洋服の布地として、日本では区別されるが、もとは同じ布地だ。カップとコップ（ともにcup）もそうだ。水などを飲むのはコップ、賞杯など別の目的に使うのはカップ（最近ではインスタントラーメンを入れてあるのもカップと呼ばれる）となる。

もっとややこしいことに、日本ではトラックとは貨物自動車一般を指して用いられ、屋根のあるなしは関係ない。「冷蔵トラック」とか「競馬馬を運ぶトラック」とか平気で言うが、屋根つきの貨物自動車はvanでなければならない。

話がだいぶ脱線してしまったので、ふたたび貨車に戻ると、同じ無蓋貨車でも石炭専用車はセ、砂利専用車はリ、長物車はチ、特に重い大きな貨物を運ぶものはシとなる。戦後登場して現在花形となっているのは、コンテナ（container）を運ぶための車、コである。

他にタンク（tank）車のタ、ホッパー（hopper）車のホも健在だ。そのうちピギーバック専用車も日本に登場するかもしれない。何という名がつくのか楽しみだ。ピ？

以上の符号の後に、積める貨物の重さに従って（軽い方から重い方へ）ム、ラ、サ、キのどれかが加えられることがある。

現在多くのワムが売りに出され、倉庫からスナックまでいろいろな用途に使われている。無蓋車のトラに屋根だけつけて、木のテーブルといすを置いて納涼トロッコ列車としゃれた例もある。まさにトはトロッコのトと証明されたわけである。

だが、もっともかわいそうなのはヨ、車掌車ではあるまいか。つい最近まで貨物列車の最後部には、かならず小さなかわいい車掌車がついていた。ところが、いまでは車掌車はほとんどいらなくなってしまい、ヨーがないと妙なダジャレを飛ばしているうちに、あちこちの貨物駅の片隅で、買い手のないヨの大群がさびしく立ち往生している。

アメリカの貨物列車の最後部には、caboose【kəbúːs】と呼ばれる車掌車がついている。日本のヨよりは大型で、前後にベランダがつき、屋根の上には展望用の窓と、石炭ストーブの煙突がのぞいていて、なかなか愛すべき姿だ。

日本のヨもなかなかカッコいいと思うし、使い道もいろいろあるだろう。窓もついているし、中には机といすもある。勉強部屋やスナック、バーなどにしたら面白いのではあるまいか。

さて、「英語をまじえた鉄道物語」と題したこの章も、貨物列車の最後部に控えるカブースの話によって、いよいよ終わりとなった。読者の皆さんは、これまで本を縦にしたり横にしたりの連続で、さぞ面倒臭いと思われたことであろうが、横のものをマメにせっせと縦にして来たのが、明治開国以来の日本文化の特徴なのであって、鉄道もまたその例外とはなり得なかったのである。

そのお蔭でいまや、日本の鉄道の科学技術の面での水準は、世界のトップを行くと広く世界で認められるようになったのだ。「新幹線」という日本語が "Shinkansen" となってそのまま通じるなどと、明治時代の人は夢にも考えなかったろう。

だが、横文字の外国語を縦文字の日本語に直してさえいれば、それで万事うまく行った時代は、ある意味では幸福な時代だった。それがもはや消え去ったいま、文字の置きかえだけでは済まない多くのものを、まだまだ外国の文化から学ばねばならないのである。鉄道の場合も例外ではない。単なる科学技術を超えた、一つの文化としての鉄道、歴史遺産としての鉄道を守ること――それは文字の翻訳だけで済ませるわけにはいくまい。

以上の反省をこめて、カブースからお別れすることとしよう。

第三章　ソフト・レイルウェイ

ソフト・レイルウェイとは

「ソフト・レイルウェイだって！　何だ、それは」という声がかかりそうなので、まず、その説明からはじめよう。

民営化以来、わが国の鉄道に、いろいろな形の変化が起こったことは、だれもが知っているし、それに対する評価もさまざまである。しかし、賛否いずれにせよ、議論のほとんどは、当然のことであろうが、はっきりしたデータに翻訳できるものであった。

例えば、収支の赤字がどれだけ減ったとか、増えたとか。ある区間の列車の走行最高速度が時速何キロになったとか、そのためにどういう技術的改善がなされたとか。時刻表の変更によって、ある区間の旅客・貨物の輸送がどれだけ便利になったとか、不便になったとか。客室の設備に新しい試みがなされて、それが好評であった（つまり、利用客が増えた）り、不評であった（客が減った）り、とか。

もちろん、こうした問題の検討は重要なことであるが、ひとつひとつについて、それぞれの専門家によって、ハード・データに基づいた議論がすでになされているのであるから、いまさら素人である私が口を挿《はさ》むまでもない。

だが――と、いささかヘソ曲がりの私は考えてしまう。ある地域社会における鉄道というものの重要度、人びとによる認識の度合いは、鉄道が占める輸送シェア――つまり数字――だけで決定されるものだろうか。鉄道という輸送手段に対する一般の人びとの関心の強さは、例えば新聞、雑誌、ラジオ、テレビなどにとりあげられる情報量だけをデータにとりあげれば、推定できるものなのだろうか。

実際に私たちが知っているように、鉄道に関する情報量は、正常なサービスが行なわれている時よりも事故が起こる時の方が、順調な経営が行なわれている時よりも危機が訪れた時の方が、圧倒的に増えるものである。いや、一般の人びとの関心自体もそうではないか。

とすれば、ハードなデータだけが万能な資料と豪語する資格はないのである。経営収支、事故統計（あるいは、無事故達成率）、技術水準などなど、いくら質量ともにすぐれたデータ集積を行なっても、結局のところその網の目から取りこぼしてしまう部分があるのではないか。

鉄道システムと日常生活

以上のように考えてみると、国鉄がＪＲに変わって以来、多く行なわれてきた評価や批判のどちらもが見逃してきた大きな空白があるように思えてならない。収入が何パーセント増えて赤字がどれだけ減ったことは、もちろん喜ばしい事実である。技術者の努力によって新幹線の最高速度が向上したこと、それをヨーロッパのＴＧＶのそれと比較することも大切であろう。

だが、それ以外にも注目すべきことがありそうな気がする。これまで「ハードなデータ」という言い方をしばしば用いたので、その比喩《ひゆ》を延長するならば、「ソフトなデータ」でしかとらえることのできない面もあるのではないか。私がソフト・レイルウェイという、妙な表現で示そうとしたのは、まさにそれなのである。

もっと具体的な話にするならば、鉄道というひとつの科学技術システムが生まれた時、あるいは、そのシステムにおいて革命的な変化や飛躍が到来した時、その地域社会の人びとの日常生活、ものの考えかた（必ずしも「鉄道についての」ものの考えかたではない）、意識に何か変化が起こったか、もし起こったとすれば、それはどのようなものであったか、という問題である。

話をもっと具体的に、なまなましいものにしよう。「ベッド・タウン」と呼ばれているもの（英語では「寄宿舎町」〈ドーミトリー・タウン〉と呼ばれている）が生まれたのは、もちろん郊外電車の発達のお蔭である。英米における二十世紀初頭の「ガーデン・シティ」構想、それが日本に移入されて、大正時代に実現した「田園都市」のどちらも、都市近郊鉄道と持ちつ持たれつの関係であったことは、だれでも知っている。

大都市の中心部に仕事を持つ人びと（大部分はベッド・タウンの家庭の所帯主、つまり夫であろう）にとっては、朝夕往復に使う——使わざるを得ない——電車は、必要悪としての時間とエネルギーの浪費と考えられる。もっとも、ある人びとにとっては本による集中的な勉強の機会となり、別のある人にとっては、家庭ではまじめな夫が一時痴漢に豹変《ひょうへん》する機会ともなる。

家庭の妻たちにとって、通勤電車は都市の華やかな文化的ムードとの連絡パイプを意味するだろう。ことに都市から移り住んだばかりの妻にとっては、より広い住居スペース、自然の恵み、日光、空気、緑などを得た代償として、都会の刺激、高級な魅惑的ムード、さまざまな利便をあきらめねばならない退屈な生活なのだから、ショッピングや他の用事にかこつけての、鉄道旅行は息抜きとして欠かせないものとなる。

もちろん、鉄道会社としても、通勤ラッシュ時以外の閑散時に客を誘致する対策として、彼女らの乗車を勧誘するような、あの手この手を考案する。割引切符、カルチャー・センター、さまざまなセール、イベント、などなど。

そして、時には列車内や駅の待合室などで、ふと知り合った男とのアヴァンチュールの誘惑が、半分は快感、半分は罪意識を生み出す――と、ここまで書くと、「なんだ、ばかばかしい！　テレビの見すぎだよ」という、おしかりを受けそうであるが、実は、ここが重要なポイントなのである。

ドラマとその舞台設定

確かに、右に述べた設定は、かつて東京のある郊外電車沿線の田園都市を舞台にした、夜の連続テレビ・ドラマの物語であるが、このドラマの原型となっていたのはアメリカ映画『恋におちて』であって、その舞台はニューヨークから北へ行く鉄道沿線の郊外住宅地の駅ということになっていた。

ところが、面白いことに、第二次大戦後のこのアメリカ映画には、さらに古い原型があった。第二次大戦前にイギリスの作家、ノエル・カワードが書いた戯曲「静物画」（「スティル・ライフ」という原題は、「静かな生活」という意味でもある）で、これが戦争直後イギリス映画『短い逢瀬』となり、日本では『逢びき』という題で封切られ、大きな話題を呼んだ。いまでも、しばしば名作として映写されることがある。

田舎の退屈な生活にうんざりし、都会生活にあこがれる人妻が、不倫への誘惑におちる（ないしは、おちかかる）——というのは一八五七年に発表された、フローベールの名作『ボヴァリー夫人』をあげるまでもなく、小説や芝居によって永遠に繰り返されるテーマである。

だから、状況そのものは使い古されたものであるが、その背景となる舞台設定が、その土地、その時代によっていろいろ変わってくるところに注目すべきだろう。

イギリスの一九三〇年代のロンドンの南郊外は、ちょうどサザン鉄道の広範囲な電化（第三軌条方式七五〇ヴォルト。現在でも見られる）により、ロンドン都心で働く人

『恋におちて』（ウール・グロスバード監督、1984 年）

『逢びき』（デヴィッド・リーン監督、1945 年）

たちのベッド・タウン化が大きく促された時代であり、場所である。

同じように、一九六〇—七〇年代のニューヨークの北郊、グランド・セントラル駅から北へ向かう鉄道線路の沿線の住宅地は、日本から出向いている商社の駐在員も多く住んでいる、高級住宅地であることは、いまでは日本にも知られている。

このように見ていくと、同じ人妻のよろめきドラマでも、都市近郊の住宅地開発と、それと持ちつ持たれつの関係にある鉄道という具体的背景によって、それぞれの土地と時代の現実味の裏打ちがなされていることがわかる。

たかがテレビの不倫ドラマと軽蔑《けいべつ》する前に、たかがテレビ・ドラマだからこそ、映画だからこそ、不特定多数の観客に現実性をもって迫ることが必要なのであることに注目しなければならない。このような現実性を添えるための舞台設定は、決して理論やハード・データによって、コンピューターから打ち出されてくるものではない。ある時代のある地域社会の文化に対する敏感なアンテナがないと、とらえることができないのである。

鉄道と文化

いま「文化」という言葉を使ったが、これも決して誇大広告めいたハッタリではない。私たちはともすれば文化とは、ひどくハイカラで高級なもの、横文字や片仮名がやたらに混じっているもの、つまり教養・啓蒙に結びつくもの、と早合点しがちであるが、これは大きな間違いである。

確かにこれまでは、「文化住宅」「文化生活」「カルチャー教室」などなど、文化をそのように安直に理解する傾向があったけれども、そろそろ正しい使い方に改めるべき時であろう。「文化」とは、ある地域社会である時代に生きる人びと特有の行動様式のことである。

食事の時に肉を食べるにしても、ハシではさんで食べるのも、ナイフとフォークで食べるのも、焼鳥のようにクシで刺して食べるのも、すべてそれぞれ異なった文化である。どれが高級で、どれが下等などと言えるものではない。

だから、鉄道をひとつの文化として取り上げることも十分可能なのである。いま食べることを例にひいたから、それに関連して言うならば、鉄道旅行中にどのようにして食事をとるか、は比較文化学の興味あるテーマとなるであろう。日本の駅弁はその際大きな特色を持つ事例となるであろうし、中国、ロシア、アメリカ、西ヨーロッパ（これも南と北で大きく違う）それぞれ独特の文化を持つ。

鉄道駅というものを民衆がどのように理解し、どのように利用しているか、もまた比較文化学の大きなテーマとなるであろう。インドのある駅では、プラットフォームが家なき人びとの集団生活場と化していて、列車が止まると、わっと人が客車の洗面所に押し寄せてきて、生活用水をつぼに汲むのだという。

これを眺めて、インドは文化程度が低い、とまゆをひそめているだけでは、文化についての真の理解に到達したとは言えない。駅がいわば難民キャンプになっているのは、もちろん都市の社会学、政治学の問題であるが、同時に私たちもまた、駅というのが単なる鉄道の専用施設のひとつである、という固定観念から抜け出す必要があるのではなかろうか。

駅が都市の施設のひとつであっても、少しも差し支えないであろう。駅がその都市のコミュニティ・センターのような役割を果たして、鉄道旅行をしない人びとの集会所や待ち合わせ場所、時には娯楽施設になっても、少しもかまわないはずだ。駅が政治集会、デモの場所として使われた例も、諸外国にはいくらでもあった。

もうこれで、ほぼおわかり頂けたかと思う。私が「ソフト・レイルウェイ」という言葉で、何を言わんとしているかが。

その通り。鉄道を社会科学や自然科学の中の、区分のはっきりした学問体系・領域のひとつとして、がんじがらめに扱うことに異議を唱えているのである。

これまで鉄道を論じた人は、経済活動のひとつとしてそれを取り上げたり、行政政策の一端としての見地から眺めたり、それからもちろん、応用工学の大きな分野のひとつとして探究してきたのであり、それぞれの領域で立派な成果を世に問うてきたことは、周知の通りである。

だが、鉄道を芸術や大衆娯楽と関連させて眺めることは、ほとんどなされてこなかったし、かりにあっても、それはマニア「鉄ちゃん」の物ずきなお遊びとしてしか扱われなかった。

私は鉄ちゃんであることは自ら認めているし、並はずれた物ずきであることも、お遊びが好きな人間であることも否定しないが、次項以下で述べたいと思っていることは、決してマニアのたわごとではないつもりでいる。

鉄道を日常生活における「文化」と結びつけて検討することが、以下の私の文章の主眼である。だから、これまで常識で考えられてきたような方法論を用いて、鉄道を分析することはしない。実証的なデータを積み上げて読者を説得しようとも思わない。

そのかわり、だれもが見ていて、だれもが知っているはずのソフト・データを実例に使って、これまでの発想とは別のやり方で近づいていきたいと思っている。柔構造にしておいて、各部品間に遊びをおいた方が、堅固に武装するよりもかえって安全であり、有用であると信ずるからである。

神殿・聖堂となった駅

「ソフト・レイルウェイ」の具体的な実例として、まず第一にあげるべきものは駅である。

「駅」とは何か。ハード・レイルウェイのプロなら、すぐに答えられるだろう。「駅とは、列車を止めて客や貨物を乗せたり降ろしたりする場所であり、その施設である」と。その通り、まさにご名答である。

しかし、これはあくまで、「客や貨物を乗せたり降ろしたりする」側に立った論理であって、「乗ったり降りたりする」側、つまり客ないし駅の利用者側の論理や心理を語ったものではない。はたして、駅は列車に乗り降りするためだけに利用する場所なのであろうか——と、一般市民は言うであろう。

しかし、その点にふれる前に、「乗せる側」つまり鉄道の側に立った場合でも、以上の定義で十分なのかどうか、駅の歴史を探りながら考えてみたい。

駅のお飾りは無用か

世界最初の鉄道は何か——という問いに対しては、十分納得のいく答えを出すことは難しいが、今日の私たちが常識的に考えている鉄道会社、つまり施設、車輌、従業員などすべてを備えた企業体の第一号は？　という問いに対しては、明確な答えを出すことができる。一八三〇年九月十五日開業のリヴァプール・アンド・マンチェスター鉄道である。

その両端にある都市に、それぞれ駅があったのは当然で、リヴァプールのクラウン・ストリート駅と、マンチェスターのリヴァプール・ロード駅が、世界最初の大都市のターミナル駅であった、と言っても間違いではない。

そして、それらの駅を含めて同鉄道の駅は、確かに冒頭に掲げた駅の定義にぴったりあてはまるものだった。列車を止めて人と物を乗せたり降ろしたりするのに必要な設備だけのある場所、極めて即物的・機能的な場所であればよかった。

ところが、同鉄道が経営的に大成功を収め、他にも雨後の筍《たけのこ》のように模倣者が現れるようになると、事情はいささか変わらざるを得なくなっていく。そもそも鉄道という事業が、産業革命を生み出した近代資本主義精神の申し子であって、自由競争こそが技術・サービスその他もろもろの発達をうながすのだ、という原則の模範的実例のようなものだった。

従って、もうかる路線には当然競争者が出てくるわけで、一八三〇年から十年もたたぬうちに、平野が多く、人口が集中し、産業が盛んであったイングランド中部では、鉄道が網の目のように張りめぐらされつつあった。そして、確かに原則の言うように、競争がよりよい技術・サービスと、より低い運賃をもたらすにつれ、利用者がますます増え、事業そのものも繁栄した。

大先輩であるリヴァプール・アンド・マンチェスター鉄道は隆盛の一途をたどり、客はもちろんのこと、最初はあまり期待していなかった貨物の需要が急激に増えたので、開通当初の施設ではそれに追いつけない。というわけで、手狭になったリヴァプールのクラウン・ストリート駅の代わりに、新しいライム・ストリート駅を設けることになった。これは開業後たった六年の、一八三六年のことである。

もちろん、旧駅に比べて面積が増え、施設は質量ともに向上したわけであるが、ひとつだけ面白いつけ足しがあった。正面に古代ローマ帝国の凱旋門を模したアーチが建てられたのである。これは、どう考えても機能的な意味での必要な施設、

「客を乗せたり降ろしたりする」のに必要なものとは考えられまい。つまり無用のお飾りである。

しかし、よく考えてみると、一人でも多くのお客を自分の駅に引きつけるために、いや、引きつけなくても、人びとをアッと言わせ、注目させ、関心を寄せさせ、駅と鉄道の名前と存在を知ってもらうためには、絶大な貢献をしたわけであるから、結局は経営的に見ると無駄金づかいではない。それどころか、今日でいうPR作戦、CI戦略の見事な先取りとして、称讃してよいだろう。あれほど立派なお飾りに金を投ずる余裕のある会社なのだから、と客に信頼感を抱かせるだけでも、十分もとは取れたと言うべきだろう。

ギリシア神殿風のユーストン駅

このように、駅を会社のショーウィンドーか、ステイタス・シンボルに利用しようという試みが、ひとつの絶頂に達したのが、中部イングランドからロンドン・アンド・バーミンガム鉄道が次第に触手を南下させ、花の都ロンドンに初めて接触した駅、一八三七年開業のロンドン・ターミナル駅、ユーストンである。

現在とは違い当時のユーストンは、ロンドンの北の場末、大きな建物も立っていない、だだっ広い寂しい野原だった。そこに、まず二本のプラットフォームでささやかなスタートをした駅が、その翌年、正面にギリシアの大神殿を思わせるような、ドーリア風の柱列をでんと据えて、ロンドン子の度肝《どぎも》を抜いた。

成り金の悪趣味という批判もないではなかったが、公平な眼でかんがえると、この巨大な門という発想は、それなりの理由を持っているように思える。駅というのは、市民の日常的生活と、非日常的な場――かりにそれをアドヴェンチュアと呼んでおこう――との接点、境界、関門なのだから。

ロンドンのごく普通の庶民がこの門をくぐることがあったとすると、それは何か特別の場合、別の世界への旅立ちである。あるいは逆に、地方の人がこの門をくぐってロンドンの街頭へ出ていく時、それは新しい生活のはじまりを意味していた。周知の通り、十九世紀のイギリスは社会の激動の時代、大勢の庶民が農村を捨てて（正確に言うならば、捨てざるを得なくなって）商工業の繁栄する都市に流入していった。またアイルランドの貧民が、その地で食いつめてブリテン島に出稼ぎに移住したことも、歴史に記されている。彼らのほとんどが上陸したのは港町リヴァプール、そして、ライム・ストリートのローマ風アーチをくぐり、汽車にゆられて、ユーストンのギリシア風柱列の間をくぐって、「金で舗装された」（と古くから歌に歌われている）ロンドンの町へと第一歩を踏み出したのだ。

もちろん、ロンドン（ないし、他の大都市）への流民のうち、大成功をとげて故郷へ錦を飾れたのはほんの一部分、他の多くは失意と挫折にうちのめされて、とぼとぼとドーリア風の柱をくぐり、故郷へ帰った——のはまだ幸せな方で、帰るに帰られず、郷愁と絶望、憧《あこが》れと憎しみが複雑に入りまじった目でユーストン駅の正面を見つめた人も多かったろう。

と、こう書けば、わが国の東京の上野駅を思い出される人もいよう。石川啄木の歌、

ふるさとの　なまり懐かし停車場《ば》の
人ごみの中に　そを聴きにゆく

を思い浮かべる人もいよう。その通り、あのドーリア風柱列の下に、多くの啄木がたたずんでいたとしても不思議はない。このように、大都会のターミナル駅というのは、ただ単に「列車を止めて客を乗り降りさせる施設」で終わるわけではない。それは都会の哀歓、人間の複雑で相矛盾し合う運命と心理が交錯する場所でもある。

駅の建築競争

もちろん、以上のようなことを言うのは結果論であって、十九世紀中ごろの鉄道会社がそこまで予測計算していたはずはない。しかし、駅というものを、単なる機能的な施設以上のものとして理解していたことは事実である。ユーストン駅のドーリア柱列作戦が大きな社会的関心を呼び起こすと、他の鉄道会社もこれに負けじと、人目をひく大建築競争をくりひろげた。

といっても、競争相手のまねをしたのでは駄目である。独創性と個性のなさで軽蔑されるばかりでなく、間違ってライバル会社の駅へ行ってしまうお客が多いだろうから。当時はまだ小学校さえ無料の義務教育とはなっておらず、ロンドンですら一般庶民の読み書き能力は極めて低かったから、駅の名や鉄道会社の名を字で覚えてもらうことは期待できない。まさにショーウィンドーである駅の形・特徴で識別してもらわなくてはいけない。

だから、当代一流の建築家に高い金を払って、できるだけライバルの駅と違った、忘れ難い形の駅舎を設計してもらった。グレイト・ウェスタン鉄道は、そのロンドン・ターミナル駅であるパディントンを改装するに際して、さきにユーストン駅を設計したフィリップ・ハードウィックの息子である、フィリップ・チャールズ・

ハードウィックに依頼した。一八五四年に完成した豪華な建物は、後に美術・建築史の権威、ニクラウス・ペヴズナー先生から、「フランス・ルネッサンスとバロックの様式から、はっきり影響を受けたイギリス最初の建築物のひとつ」と評されたものである。

この建物は二階から上が「パディントン・ロイヤル・ホテル」となっている。これもイギリスの大駅舎の特徴のひとつで、駅舎の上層階をホテルにする例は、いまだに多く見られる。おそらく、駅馬車の発着所時代からの慣習であろうが、もちろん、駅舎の上のホテルで泊まったり、食事をとったり、宴会を開く人は、鉄道を利用して旅する人に限るわけではない。鉄道に縁のない人が喜んで来たくなるように仕向けるわけで、この点でも駅は鉄道固有の施設ではなく、それが属する都市の重要施設となっていることが証明される。日本では駅前や駅付近のホテルや旅館は多いが、駅上ホテル（旅館）はそうざらには見られない。一九一四年完成の東京駅丸ノ内側駅舎はその最初期の（決して一般的ではない）例のひとつであるが、明らかにこれはヨーロッパの例を意識的に模倣しようとしたのだろう。しかし残念ながらこれが一般的流行にはならなかった。つい最近まで、わが国においては駅は鉄道の付属施設であって、都市のそれとは考えられていなかったのである。

パディントン・ロイヤル・ホテルの完成の二年前の一八五二年、ロンドンからほぼ東海岸に沿ってスコットランド方面に北上するグレイト・ノーザン鉄道が、そのロンドンのターミナル駅としてキングズ・クロスを設けた。ルイス・キュービット設計のこの建物はこぢんまりした機能的な美を持っているが、それに対抗したライバルのミドランド鉄道は、一八六八年、すぐ西隣に中世の大聖堂を思わせるような、天にそびえるゴシック建築のセント・パンクラス駅を据えた。設計者のギルバート・スコットは、「あれはロンドン最高の建築物だ、とよく私に言われたが、私に言わせれば駅にしては立派すぎる」と豪語したとか。ここも上層はホテルになっているが、外形の華麗さとは裏腹に、内部は薄暗くて気味悪くて評判が悪く、後にホテルは廃業して事務所にしてしまった。

セント・パンクラスの建物についても、完成当時以来その壮大さを賛美する声と、成り上がりのこけおどし的悪趣味と非難する声とが交錯した。しかし、一九六一年から老朽したユーストン駅の改修工事が始まり、例のハードウィックのドーリア式柱列の門がとりこわされてしまった時には、それを激しく責める声が、決して鉄道ファンだけでなく、一般の市民の中からまき起こったものである。そのためか、一九六〇年代が終わろうとして、セント・パンクラス駅も百歳を越して、そろそろ老朽して危険だから建てかえようという計画が出された時、圧倒的な意見は、残された貴重な文化財として補強して保存せよ、というものであった。そのお蔭でこちらは現在でも生き残ることができた。

駅の象徴するもの

十九世紀も後半となると、ヨーロッパの列強はアフリカ、アジアの植民地獲得競争に目の色を変えたものであったが、その際に鉄道の果たす役割が大きく評価された。原料を奥地から港まで運ぶに際しても、また西欧の文明の光と軍隊や武器とを奥地に運び込むにしても、重要な大動脈であることはだれにも理解できるであろうが、植民地においても駅がシンボル的役割を果たし得たことに注目してもよいだろう。

一八八七年、すなわちヴィクトリア女王（インドにおいては女帝）の即位五十年記念の年に開業した、西インドの大都市ボンベイのヴィクトリア駅は、本国のロンドンにあるヴィクトリア駅など足元にも及ばないような、豪華壮麗な建築物であった。F・W・スティーヴン設計によるデザインは、ゴシック、ヴェニス風、ロマネスク、サラセン風がごっちゃに混じった奇妙なスタイルだが、これがやはりステイタス・

シンボル——しかも、一鉄道会社のそれでなく、大英帝国のそれであった。

　西インドのボンベイに負けじとばかり、東インドのカルカッタでも一九〇六年に巨大な新駅を完成させた。スタイルのごった煮はボンベイよりもひどく、ある人に言わせると、「チベットの僧院とイギリスの監獄の混合に、サラセンとロマネスクの細部が加わったもの」（ジャン・モリス『大英帝国の石』一九八三年。ちなみに、この表題はラスキンの有名な建築論『ヴェニスの石』をもじったもの）。趣味の悪さをスケールで補っていることは十分認めてやってよかろう。完成と同時に「インド、いやおそらくアジアを通じて最大の駅」と称されたものである。

　確かに、ここにあるのは国家権力を原住民に強く印象づけるためのショーウィンドーで、そのためには総督府よりも駅の方がより効果的である、と支配者は考えたのだろう。その建物にどのような感情を抱くかは人によって違うだろうが、駅というものがこれほどまでの強いメッセージの担い手として認められていたことは、だれもが痛感せざるを得ない。

　駅とは単なる鉄道施設のひとつにとどまるものではないのだ。それは都市生活の重要な核であるとともに、（最近流行の少々キザな言い方を借りるならば）都市を記号論的に「読み解く」際に不可欠なキイのひとつでもある。科学が宗教の力を著しく弱めた十九世紀において、神への信仰にとってかわったのが、テクノロジーへの信仰であった。かつては都市住民の精神的中心としての集会場は大聖堂であったが、いまや駅がそうなっていた。最近東京ステーション・ギャラリーで開かれた、パリの駅の展覧会を見た人は、十九世紀の国民的人気を得ていたオペラ作曲家マイアベーアの葬儀が、パリ北駅で開かれたことを教えられたであろう。セント・パンクラス駅の大聖堂スタイルは、ただの模倣、シンボル以上の意味を持っていたのではあるまいか。

十九世紀フランスの詩人、テオフィル・ゴーティエに言わせると、駅とは、

「近代産業の殿堂で、そこに今世紀の宗教、すなわち鉄道の宗教が顕現している。この新しい人間の宗教の大聖堂は、諸国民の集合所であり、すべてが集まる中心であり、世界の果てまでレールの光線を放射している巨大な星の核である」

人間精神の中の地下鉄

世界最初の地下鉄道は、周知の通り一八六三年一月にロンドンで開業した。しかし、考えようによっては、これはあまり名誉なことと喜んでいい話ではあるまい。地下鉄を作らざるを得なかったということは、地上の交通事情が世界最悪だったという意味であるから。事実、有名なギュスターヴ・ドレの絵にあるように、ロンドンの主要幹線道路は、ほとんどいつも麻痺《まひ》状態にあったらしい。

地下鉄開通に伴ういろいろな挿話については、すでに他のところに詳しく紹介されているから、ここでは省略することとして、この事件が人びとの精神に、どのような影響を及ぼしたか、つまりソフトな反響について考えてみたい。

すぐに思いつくことは、地下空間というものが、初めて公共のものとして開かれ、横につながるようになったという、大きな驚きである。いまから見れば、ごくあたり前のことであり、何を大げさに騒ぎたてるか、と叱られるかもしれないが、十九世紀の普通の西欧人になったつもりで、考えてみて頂きたい。

私的な地下空間

地下空間といえば、まず最初に思いつくのは、おのおのの家にある地下室である。普通は倉庫、台所などに使われ、ところによっては召使の居間や寝室になっている。とくにイギリスの都市では、地階（basement）といっても、日本の常識でいうと半地下の場合が多い。つまり一階（ground floor）が、周辺の地面より階段三―四段くらい高くなっているから、地階もその分だけ地上に出ているのである。

さらに、表通り（ないしは前庭）と建物の間に、地階の床のところまで掘り下げられている空地がある。これをエアリア（area）と呼び、地表から下りる階段（一階分より数段分だけ少なくなっていることは、おわかりだろう）がある。地階の部屋は、このエアリアに向かって扉や窓が開いているから、地下室とはいうものの、完全に日光が入らぬ暗室というわけではない。

確かに冬に太陽が低くなる国で、なるべく建物の高さを制限して、日当たりをよくする独特の知恵とでもいったらよかろう。このように、地階とはいうものの、それほど陰気な感がするわけでもなく、また冬は別として、一日じゅう自然の光を奪われているわけではないのだから、十分居住に適している（しかし、大体において身分の低い人、貧しい人に当てられていたことは、事実である）。

しかし、言うまでもないことだが、地下空間は縦に、つまり上の階としか通じていない。地下室同士を結びつける横の通路や穴はない。あってはならないのだ。あくまで私的な空間でなければならない。

この他に、個人の家ではない、公の建物にもそれぞれ地下空間はある。教会には地下の納骨堂、墓地があるし、城には地下牢《ろう》があったし、秘密の穴蔵や部屋もあった。もちろん、これらの地下空間も、縦に、つまり、その上の空間としか通じてはいけない。地下空間同士、あるいは地下と他の外界を結ぶ手段があったとしたら、それは秘密の非合法の通路であり、穴である。

例えば、古代ローマのキリスト教が禁じられていた時代には、キリスト教徒の秘密集会所（カタコンベ）が地下にあって、秘密の通路があった。中世やルネッサンス時代を舞台とした、いわゆるゴシック・ロマンス小説にも、地下の納骨堂や牢獄に閉じ込められた人が、秘密の通路を見つけたり、作ったりする話がよくある。

近代小説ですぐ思い出すのはデュマの『モンテ・クリスト伯爵』（一八四六）の、シャトー・ディフの地下牢、コナン・ドイルのシャーロック・ホームズ物語のひとつ「赤毛組合」（一八九一）などであろう。いずれも非合法な秘密通路であって、だからこそ小説の題材となり、ロマンス的彩《いろど》りで読者を楽しませることができるのだ。

公共の地下空間

ところが、一八六三年の地下鉄は、地下空間（つまり、各駅）同士を横に結ぶものであり、万人に開かれた公《おおやけ》のものとする最初のものとなった。そこには秘密めいたものはなく、従ってロマンスの香りは生まれようがない。

一八四三年開通のテムズ河底トンネルも、確かに公共地下空間通路と呼べるであろう。しかし、これは山を貫通するトンネルにより似ているもので、自然の障害を乗り越える手段である。地下鉄のように、地表の道路があるにもかかわらず、それ以外に地下通路を設けるのとは、性格が違っている。今日の常識でも、河底・海底を通るものは「トンネル」であって、「地下鉄」とは区別する。後で述べるように、「地下空間」という時には、それに対応する地上の空間を必ず連想する。「地下室」というのは、地上の室があるからこそ成立し得る用語であり、「地下通路」「地下鉄」は、地上の道路や鉄道があってこその概念であろう。河底トンネルを地下通路と呼ばないのは、その前提としての河上居住空間や通路が存在しないからだろう。昔のロンドン橋のように、橋の上に家があれば別であるが、惜しいことになくなってしまった。

だが、地下空間が公共のものとして認識されると同時に、地上と地下の間にはっきりした差別が生まれてきた。今日でも「アンダーグラウンド」――日本では略して「アングラ」――といえば、そこに、明に対する暗、正統に対する異端、合法に対する非合法、要するに「正」に対する「反」のニュアンスがこめられている。

殊に、地下鉄道というのは、既に述べたように、人口過密で道路交通状態が最悪である大都市特有のものである。地下鉄といえば、すぐ大都会を連想したのは当然である。だから、大都会のイメージのいくつかが、そのまま地下鉄道に流用させられることになる。つまり田園のもつイメージ、自然、開かれた風景、そこに住む人間同士が、または人間と土地とが精神的に固く結びついている連帯意識などなどに対して、大都市のイメージは、人工、閉ざされた風景と意識、住民は土地からも隣人からも疎外孤立して連帯意識は不在、などである。

これが、そのまま地下空間や地下鉄道に適用できることは、だれにも容易に理解できよう。さらに興味深いことであるが、世界最初のロンドンの地下鉄道会社が、メトロポリタン鉄道、つまり首都鉄道と名乗ったために、その後、パリで地下鉄ができた時もメトロという名が踏襲され、いつしかメトロとは地下鉄のこと、という(本当は誤った)一般通念ができ上がってしまった。

さらに拡大されて、メトロは地下空間すべてを指すように考えられるに至る。こうした傾向を大きく助長したのは、一九二七年に完成されたドイツ映画『メトロポリス』であろう（これについては後に詳しく述べる）。日本でも「メトロナード」など、ごく一般的に用いられ、メトロは地下を意味するというのが常識となってしまった。

文学における「地下室」

地下というのは、物理的に見ても地表の下にあるのだから、正常ないし正統よりも下の価値とみなされるのは、昔から当然のことであったろう。ところが、十九世紀、しかも世界最初の地下鉄開通の翌年、つまり一八六四年に発表された一篇の小説が、「地下室」という言葉に革命的な新しい意味を加えてくれた。ドストエフスキーの中篇小説『地下室の手記』である。

この作品は比較的簡単に読めるものだから、その筋などの紹介は省略する。かつては『地下生活者の手記』と訳されたこともあったが、これは原題の正確な訳ではないし、読者に誤った先入観を与えてしまう（例えば、書いている人物が政治的反体制の人間、例えば日本語でいう「地下に潜った」活動家のような人ではないか、というような誤解）おそれがあるので、ここでは取らないことにしよう。

それでは「地下室」を文字通り彼が生活している部屋、つまり、家賃が安いので主人公が借りている地下室として受けとればよいかというと、そうもいかない。どこを読んでも主人公が自分の部屋をはっきり地下室として描いている個所がないのだ。

してみると、結局「地下室」とは、彼の心の中、彼の閉ざされた意識を象徴的に示したもの、と考えざるを得ない。

人々からの完全な孤立と生きた生活からの隔離、地下室での虚栄に充ちた敵意のうちに、私が自分の人生をいかに空しく葬っていったかの物語（最終章の末尾に近いところ）（水野忠夫訳）

という一節がそれを証明してくれる。人生に絶望し、他人に愛想づかしをして孤独の生活をしたいのなら、いっそ都会を捨てて、どこか森の中か草原で『方丈記』の作者のような生活を送ったらよかろう、と言いたくなる。ところが、この手記の筆者はそれができない。

作品をお読みになった人ならすぐにわかるだろうが、筆者は絶えず無意識のうちに聞き手との対話を求めている。一方的な独白体で書かれていながら、つねに他者を、もっと正確にいうと、他者の意識の中に映るであろう自己を、意識しているのだ。こうした屈折した意識こそが、まさに「地下室」という語で示されたものである。

こうした心理は、現代の都市に住む人なら、多かれ少なかれ体験しているから、よく共感できるはずだ。都会の騒音、わずらわしい人間関係はうんざりだと公言するくせに、たまに一人ぼっちで、電話もテレビもないバンガローで休暇をとると、たちまち二日目にノイローゼになる人がよくいるが、それと同じだ。

だから、この「地下室」は完全孤独な地下室ではない。他の同じような「地下室」的人間との交流を不可欠のものとする人間、つまり地下に公共空間を求めようとする人間である。もし、一八六四年ペテルブルクに地下鉄があったら、きっとあの手記の筆者は、地下鉄にわけもなく乗って過ごすことを好んだのではあるまいか。

人間精神の中の地下空間開発者

以上は私のらちもない空想のように思えるかもしれないが、同じような想像を別の小説の中で示した作家がいるのである。第二次世界大戦後のイギリスの小説家アイリス・マードックが一九七五年に発表した『言葉の子供』(邦訳では『魔に憑かれて』という表題がつき、集英社から刊行された)の語り手の主人公は、まさに現代の『地下室の手記』の筆者ともいうべき人物である。

ロンドンのある官庁のしがない役人である彼は、仕事が終わるといつも、地下鉄のプラットフォームにあるビュッフェで酒を飲み（ロンドン地下鉄でこれができるのは、スローン・スクエアとリヴァプール・ストリートの二駅だけだそうである）、それから用もないのに、サークル・ラインの列車に乗って一周する。彼は鉄道マニアではない。地下鉄の人込みの中にいる時、いちばん心が慰められるのだ、と言う。

私は暗闇が好きだ。地上に出るのは虫が穴から引っぱり出されるようなものである。（中略）サークル・ラインを一周するのは、私ひとりだけではない。特に冬はほかにもそうする人がいる。家のない人たち、孤独な人たち、アルコール中毒者、麻薬常用者、人生に絶望した人たちである。そういう人間同士は、見ればお互いにわかる。そこは私にふさわしい場所。まさしく私はアンダーグラウンダーであった（中川敏訳）

明らかにマードック女史は、ドストエフスキーの作品を意識していることがわかる。そして、こちらの手記の筆者は、決してアル中とか麻薬常習者というような、特別な人間ではない。ホームレスでもない。地下室ならぬ、地上の部屋に住んでいる、私たちや皆さんと同じ、普通の善良な市民なのである。

ある意味では、だからこそ、右にあげた二つの作品が恐ろしい、と言える。一般市民の心の奥底――つまり、人間の意識の「地下室」とでも呼ぶべき部分の中には、こうした人間社会への絶望、人間の連帯への不信、それどころか、人間同士のコミュニケイションさえ拒否したがる本能があるのではないか。つまり、すべての人間には「地下室」があるのではないか。

以前は、正常と思っている――あるいは思いたがっている――人間は、自分の精神には、そんなゆがんだ不健康な暗い地下室はないと主張していた。かりに気づいても、それを外には出さなかった。つまり、地下室はその人だけの秘密の、私的な空間であった。

たまに、自分の地下室を外にさらけ出す人がいると、一般の人はその人を病人、異常者、社会からの落伍者《らくご》、などと呼んで差別する。差別することで自分が正常で、世間並みであることを、自分と他人に納得させようと必死になったからである。

ところがドストエフスキーは『地下室の手記』という小説で、こうした地下室はだれの精神の中にもあるのだ、ということを、勇敢にも――というべきか、あるいは残酷にも、というべきか――天下に暴露してしまった。ああ、やっぱりそうか、と、安心し、慰めを得た人もいたかもしれない。しかし、思いがけぬ発見に狼狽《ろうばい》し、動揺し、余計なことを教えてくれて、と怨んだ人の方が多かったのではあるまいか。

言うまでもあるまいが、同じことを、文学作品ではなく、学問的論文によって天下に示したのがジークムント・フロイトである。彼は人間の心の地下にある部分、私的で秘密な無意識の部分に光をあて、これは個人だけの異常現象ではなく、人間一般の普遍的現象である、と証明してしまったのだ。反対とショックが大きいのも当然だった。

比喩《ひゆ》的な言い方をするならば、私的で秘密だった地下空間を、開かれた公共空間にしてしまったドストエフスキーは文学の世界における、フロイトは学問の世界における、世界最初の地下鉄建設者である。それぞれの世界における地下鉄の開通は、確かに人間の知的進歩の証明ともいうべき大事件であるが、それは必ずしも、双手《もろて》をあげて賛意と敬意をもって迎えるべき慶事とはいえない。知るは憂いのはじまり、という格言を、まさに裏書きしているのが、この二人の革命的偉業だったのだから。

地下鉄は都市鉄道

和久田康雄著『日本の地下鉄』（岩波新書、一九八七年）の冒頭に掲げてある定義によれば「地下鉄」というのは、線路が地下を走っているかどうかではなく、「都市高速鉄道」を指すと考える方が便利である、という。これは交通の機能の面から論理的に考えた結果生まれてきた見解で、情緒的な要素はおそらく入ってはいないのであろうと推測するが、興味深いことに、私の立場のように、もっぱら利用する客の心理・感情だけから考えた場合にも、ほぼ同じ結論になってくる。

つまり、地下鉄とは都市交通の一部であり、極めて日常的な体験の場である、ということだ。東北新幹線の秋葉原——日暮里間や、津軽海峡トンネル部分をだれも地下鉄とは呼ぶまい。確かに土木工学的な見地からすれば、このような差別はナンセンスであろうが、それでもこの差別は容易には人の心の中から消えないだろう。

だから、地下鉄が文学や音楽その他の芸術の中にとり入れられる時にも、あくまで都市文化の表現としての場合が圧倒的に多くなるのは、当然のことと思われる。

地下鉄という密室

中川浩一著『地下鉄の文化史』（筑摩書房、一九八四年）の中にあげられている文学作品も、シャーロック・ホームズや地下鉄サムであって、どうも地下鉄は探偵小説の舞台としては最適のようであったが、一般の文学者が食指を動かしたくなるような場所ではなかったようだ。前回紹介したアイリス・マードックは極めて例外的な存在と考えてよいだろう。

つまり、地下鉄は都市文学という、文学の中での限られたひとつの領域でしか舞台となり得ないのである。そして、探偵小説というのは、本質的に都市小説である、というのが私の見解である。（ドイルの『バスカヴィル家の犬』、アガサ・クリスティの「マープルもの」など、都市以外を舞台にした代表作が数多くあることを承知の上で、私はあえてこう主張するわけであるが、反論に対する弁明は別の場所でさせて頂くことにして、ここではこれ以上この問題に深入りしないでおこうと思う。）

地下鉄の持つ特異な状況はその密室性である。すべての列車が走っている間は密室になることは事実であるが、それでも、走行中の列車から外へ人や物を投げ出すことはできるし、実行はたして可能かどうか疑問としても、車外から客車内のある人物を狙撃することもできる。海野十三著「省線電車の射撃手」（一九三一年）の中でこの点についての議論がなされているので、興味のある方はご参照下さい。作者は早稲田大学出身の工学士で、なかなか科学に強い人であった。

それにひきかえ地下鉄は窓のすぐ外も壁で密閉されているし、駅のフォームですら密室となっている。こうした、密室としての地下鉄という一般の人の常識の裏をかいたのが、コナン・ドイルの有名な「ブルース・パーティントン潜水艦設計図の冒険」（一九〇八年）である。

これはあまりにも広く知られすぎているから、トリックを紹介しても叱られないと思う。地下鉄の駅間の線路わきで死体が発見された。身体検査をしたが切符を持っていない。普通なら、犯人が切符を奪ってから客車のドアの外に突き落としたと考えたくなるが、客車内でそのようなことが容易にできるだろうか。

実は、ロンドン地下鉄はかつて蒸気機関車が引いていたこともあって、ところどころに線路が覆われていない部分がある。犯人はたまたまその線路わきの家に住んでいたので、殺した男の死体を自宅の窓から、ちょうど停車中の列車の客車の屋根の上に載せた。屋根の上で運ばれた死体は、カーブとポイントのある個所でふり落とされたのであった。

都市生活と地下生活

ニューヨークの地下鉄だけを仕事場にすることを誇りとしているスリのサム君（ジョンストン・マッカレーの多くの短篇の主人公）も、同じように地下鉄は完全な密室であるという事実を前提としている。

地上を走る電車やその他の交通機関の中でスリをやるよりも、地下鉄内でのスリははるかに大きな危険を伴う。発覚した場合の逃げ場がないからであるし、盗品をこっそり処分するのも難しいからである。例えば、路面電車や高架鉄道であれば、刑事に監視されているとわかった時には、盗んだ金品を投げ捨てて、身体検査をされた時にシラを切り通すことができるが、地下鉄の場合それは不可能に近い。

実はそこにこそサム君の意地と誇りがある。そういう困難なハンディキャップのもとで、いかに刑事の目をくらまして仕事をまんまとやりとげるか、に彼の男の面目と職人の腕がかかっているのだ。サムと彼を追うクラドック警部とは、お互いに昔からの顔見知りであり、ライバルであり、いや、時には仲よしの親友ですらある。

このシリーズの面白さは、未知の犯人を見つけ出す興奮と好奇心ではなく、お互いに犯人・追跡者と知り尽くしている——そして、読者もそれを先刻承知である——名コンビの虚々実々の掛け引きにある。ここではスリという行為は、異常な犯罪ではなくなって、ごく日常的な行為、混雑する市街地の職業行為——駅の売店とか、街頭のサンドウィッチマンなどと同じ——となっている。

近代都市における生活の特徴のひとつに、その密室性、プライヴァシーがあることはだれもが知っている。狭い空間の中にひしめき合って生活せねばならないのであるから、外からの目や音をしめ出して、自分だけの安全快適な城を築くためには、自分から自分を密室の中に閉じ込め、自然から自分を疎外隔離するしかないのである。

そのためには、昼日なかでも太陽の光を遮断して人工光に頼り、窓から自然の空気を入れるのではなくて、エアコンを通しての換気に頼ったりする。つまり、地下鉄と同じ密室の中に暮らしているようなものだ。都市の生活は、たとえそれが地上にある建物だとしても、実質的には地下空間における生活とあまり変わっていない。

前項でも述べたように、「メトロ」という言葉は本来は「メトロポリタン」から出ているのだから、「都市の、首都の」という意味であるが、ロンドン、それからパリの地下鉄の名称のお蔭で、今日では「地下の」という意味であるかのように一般に受けとられかかっている。だから右の形容詞の原型である「メトロポリス」が「首都、大都市」という意味をはぎ取られて、「地下都市」という意味に誤解されたとしても、仕方ないことかもしれない。

いや、これは皮肉でも冗談でもない。右に述べたように、近代都市生活は、たとえそれが物理的・地理的には地上であっても、心理的には地下都市生活と同じなのであるから。ちょうど、ドイルの小説にあった、あの殺人犯の家の裏側の線路のように、空が仰げても——いや、東京メトロ銀座線の渋谷駅付近のように、眼下に街を見おろすことができたとしても――地下鉄は地下鉄であり続けるのと同じように。

映画『メトロポリス』

このように見ていくと、ドイツの映画監督フリッツ・ラングが製作した映画『メトロポリス』（一九二七年）が、何を訴えようとしていたかが、おのずから明白になってくるだろう。

未来映画・SF映画の先駆として、しばしば話題にされ、評価についても賛否が交錯している作品であるが、それについて詳しく触れている暇はない。注目すべきことは、ここで地上と地下の都市空間の対比が、マルクスの考える資本家階級と労働者階級の対立に置きかえられている、という事実である。

テア・フォン・ハルボウ（当時のラング夫人）作による物語は、しばしば社会階級の対立を扱う物語が好んでとり上げるような、かなり図式的なパターンに依っている。地下都市のプロレタリアートが遂に圧制に耐えかねて反乱を起こし、都市全体の神経中枢（今日でいうならコンピューター頭脳）を破壊するために大混乱が生ずる（ここが大スペクタクル映画の見せ場である）。しかし、結局は資本家の息子と労働者の娘との愛の力によって、対立する二階級が和解し協調することで、物語はハッピーエン

『メトロポリス』（フリッツ・ラング監督、1926 年）

ドとなる。

確かにこの筋立てはいささか古めかしいマンネリズム、甘っちょろいご都合主義と批判されても仕方あるまい。既に一八四五年、イギリスの小説家ディズレリー（政治家でもあり、ラングと同じユダヤ人でもあった）が、階級的対立《コントラスト》を描いた社会小説『シビル――あるいは、二つの国民』の中で、同じような設定を試みている。

しかし、映画『メトロポリス』は、小説と違って映画だけあって、視覚的に階級社会の対比《コントラスト》を、地上都市と地下都市の対比という形で示したところに、疑いもない独創性があった。また、小説とは比べものにならぬくらい多数の一般庶民に、小説以上に鮮烈にアピールできた理由も、ここにあった。
だから、この数年後に、ナチス党の親玉であるヒトラーと、後の宣伝大臣ゲッペルスが、ラングの才能を高くかって、自分たちの陣営にこのユダヤ人をとり込もうと誘いをかけたわけである。ナチスとはもともと「国家社会主義」の略称であるし、大衆宣伝は彼らのお家芸であったのだから。しかし、ラングは賢明にも相手の真意を読み取ったのか、この誘いを拒否し、ナチスのシンパとなったテア夫人とも別れて、アメリカのハリウッドへと活躍の場を移した。

「メトロランド」構想

「メトロポリス」という語は、この映画によって広く世界中に知れわたったのであるが、それに反して「メトロランド」という語は、一時英国の英語辞典に採用されたけれども、現在ではほとんど忘れ去られてしまった。『オックスフォード英語大辞典』の第二次世界大戦後刊行された補遺には“metroland”がとり入れられているから、それによって意味を調べると、「メトロポリタン鉄道沿線のロンドン郊外地」ということになっている。

メトロポリタン鉄道とは既に述べたように、世界最初の地下鉄を一八六三年に開通させた会社であるが、そのパディントン―ファリンドン・ストリート間の路線の中間にある、ベイカー・ストリート（シャーロック・ホームズでおなじみ）駅から、北西郊外へ向かう線を着々と伸ばしていった。

もちろん郊外部分は地下鉄にする必要はないから、普通の鉄道と同じ地上線となっている。現在もフィンチリー・ロードから先は地上線である。一八八〇年にはニースデンまで伸びて、そこに車庫を設け、一八八五年にはピナーまで、一八八九年にはチェシャムまで、一八九二年にはチェシャムの一つ手前の駅からエイルズベリーまでの線路の完成によって、一般鉄道とつながった。

このようにしてロンドン都心と北西郊外が一本の列車で結びつくようになると、メトロポリタン鉄道は、今日では鉄道会社ならどこでもやっていること、すなわち沿線の土地を開発して住宅用に分譲し、定期的な乗客を確保するという策を思いついた。そして会社が開発した地域に「メトロランド」という商品名を付けたわけである。

世紀末から今世紀初頭にかけて、もともとはアメリカのニューヨーク市郊外で田園都市《ガーデンシティ》構想が起こり、ロンドン北郊でもこの運動が始まるようになった。都心に職を持つ中産階級が、ごみごみした都心から住居を郊外に移して、「健康で文化的」な生活を自分と家族が楽しみたいと願ったわけである。「郊外」を意味する“suburb”を、ちょっとラテン語風の気取った固有名詞“suburbia”と衣替えしたのが、同じ世紀末のころであったことも、例の『オックスフォード英語大辞典』本篇と補遺を見ればわかる。

　ただし、ロンドンの中産階級が職住の分離を考えて実行したのは、この時期が最初ではなく、十八世紀中ごろに既にあった。この点については、アメリカの都市社会史の研究家、ロバート・フィッシュマンの論文『ブルジョワ・ユートピア――郊外住宅《サバービア》地の盛衰』（一九八七年）が詳しく述べているから参照せられたい（邦訳は勁草書房から一九九〇年に刊行された）。しかし、最初はかなり収入の多いエリートにしかできなかった「通勤」の特権が、多数のホワイトカラー勤労者にまで広がったのは、十九世紀末の交通の発達、とくに都心に乗り入れていた地下鉄が郊外まで路線を伸ばすようになった利便、つまり一言で表現するなら「メトロランド」開発のお蔭であった。

　このように考えると「メトロランド」計画は、映画『メトロポリス』が構想した資本家・労働者融和の理念を、頭の中のユートピアではなく現実の政策に変えたといってよいだろう。つまりプロレタリアの住宅を都市の地下に作るのではなく、つまり上下の階級分化を行なうのではなくて、横の分化に置き換えて、その間の人的流通を地下鉄（とその延長である地上鉄道）によってまかなうのである。

今日ではこの解決にも限界が見えはじめてきたようである。収入の低い階級は都心から次第に遠くへと追いやられ、通勤が特権ではなくなり「痛勤」という名の長時間の肉体的疲労と時間の浪費になりつつある。メトロランド計画は乱開発による環境破壊と、狂乱的投機とを生み出してしまった。

実はこうした行きづまりを暗示した文学作品が、早くも一九二〇年代の末に出ていた。イギリスの諷刺小説家イーヴリン・ウォーが一九二八年に発表した作品『衰亡記』以下のいくつかの小説の中に、メトロランド子爵と名乗る貴族が登場する。

元来貴族とはその所領の地名を名乗るのが習慣であるから、一見この名は本物らしく見える。しかし、よく考えてみるとメトロランドとは一企業が開発した土地の商品名なのだから、そんな名を持つ貴族がいるはずはない。そこに作者の仕かけた痛烈な冗談がある。メトロランド子爵とは、平民が金の力で成り上がり、政界に入り込んで大臣やらの要職を手に入れたあげく、箔《はく》をつけようと運動して買い取った称号なのである。これには現実のモデルがあったのだが、それを詮索《せんさく》するよりも大切なのは、メトロランドという言葉の持つ社会的、また交通史的なニュアンス、その象徴的で予言的な面白さ（と恐ろしさ）であろう。

アメリカの鉄道と民間伝承

「民間伝承《フォークロア》」という言葉をお聞きになったことがあると思う。民話、民謡、伝説、おとぎばなし、などなどの類で、普通は文字・文献によって伝えられるのではなく、口から耳へという形で後世に達している場合が多い。そこに盛られている人物や出来事は、まったくの作りごとのこともあるし、歴史上の事実であることもあるが、事実か作りごとかその区別が判然としないところが、民間伝承の特徴であり、その面白さである。

例えば日本でいうなら「桃太郎」と「金太郎」、外国でいうなら「ジャックと豆の木」と「ロビンフッド」――それぞれの前者はまったくの作り話で、後者は歴史上に実在した人物というように言われているが、どの辺までが真実なのかだれにもわかるまい。研究家といえどもお手上げにならざるを得ない。

いや、実際のところ、以前はこのような民話や民謡や伝説は、まじめな学問的研究の対象になれるはずがない、と信じられていた。そのようなものを集めたり、比較したりするのはアマチュアのもの好きが暇つぶしにやること——と考えられていた。しかし、いまでは民俗学という名前がちゃんと与えられているし、学問として認められるようになった。

なぜこのような、鉄道と無関係に思われるようなことを、長々と書いたかというと、まさにその点——つまり、鉄道と民間伝承はまったく無関係か、という問いを出したかったからである。

多くの人は「無関係」と答えるだろう。もし民間伝承がそのように文字や文献以前の古いものを扱うのであれば、十九世紀に誕生し、近代科学技術によって生み出され、育てられてきた鉄道とは、何の関係もないはずだ、と。金太郎やロビンフッドが鉄道と何のかかわりを持つのだ。せいぜい観光資源の一部として、あるいは子どもの絵本くらいでしか、利用価値はなかろう。箱根方面へ行く周遊きっぷに金太郎の絵を付けるとか、ノッティンガム（シャーウッドの森はその近くにある）行きの特急に「ロビンフッド」の愛称をつけるくらいがせいぜいであろう。

ところが、アメリカという国では、いささか事情が違ってくるのである。

鉄道建設は夢とロマンスの営み

そもそもアメリカという国自体の誕生が新しいもので、神話や民間伝承などというものは、インディアンのそれを別とすれば、はじめから考えられないのではなかろうか、と多くの人は思うだろう。その通りかもしれない。だが、それにもかかわらず——いや、それだからこそ、というべきか、アメリカは神話や民間伝承を持っている——持ちたがっている。「西洋浦島太郎」とよく言われている、リップ・ヴァン・ウィンクルの物語は、まさに植民地時代から独立初期にかけての民話である。インディアン時代に起源を持つものか、ヨーロッパ人が渡ってくる前に持っていたものか、渡ってきてから作ったものか、よくわからない。

そのような詮索はその方面の専門家におまかせすることとして、いまは紙数も限られているから、鉄道がアメリカに誕生した一八三〇年以降に話を進めることとしよう。

ご存じのことと思うが、アメリカで最初に開業した蒸気動力による鉄道は、メリーランド州ボルティモア市のプラット・ストリート駅から、エリコットミルズ駅まで二十四キロほどの、ボルティモア・アンド・オハイオ鉄道であり、それは一八三〇年五月のことだった。そして最初に走った蒸気機関車は、ピーター・クーパーの製作になるもので、その名も「トム・サム」——おや指トム。

馬の引く列車と競走して負けてしまったために、スティーヴンソンの「ロコモーション」や「ロケット」ほど華々しい名を歴史に残すことができなかったが、その名がまさに民間伝承から取られた、かわいらしいものであったことに注目しよう。名付け親が意図的にやったかどうかはわからないし、そのようなことはどうでもよいが、アメリカの鉄道には誕生の時から、何かロマンスに包まれたようなムードがあったことは事実である。

その理由は容易に推測できる。初期のアメリカ鉄道の多くは、その目的地——終点がいつも未知と期待のヴェールの中に覆われていたからだ。いや、鉄道建設だけでなく、アメリカという国の建設が、いつもその目標として、フロンティアという漠然とした、無限のロマンスを設定していたからだ。十九世紀のアメリカは、いつも西へ西へというあこがれ、未来は無限に開かれているという夢によって支えられていたからだ。

だから、最初の鉄道の名前からして、ボルティモア・アンド・オハイオという、壮大というべきか、無責任・野放図《のほうず》というべきかわからぬ名前であった。起点のボルティモアは確かにはっきりわかっている場所だが、終点のオハイオとは、アパラチァ山脈のかなたの遠い未知の土地ないし川の名前だ。その名の川のほとりに到達するには六百キロも西へ進まねばならない！

この後、アメリカの大西部開拓の先頭に立った鉄道が、やたらに……アンド・パシフィックと名前をつけたがったのと同じ発想である。鉄道建設工事はアメリカ建設工事と同じで、目的地はいつも夢とロマンスのかすみの向こうにあった。この点で同じころのイギリスの鉄道建設およびその名称とはまったく違っていたのである。ストックトンは石炭積み出し港でダーリントンは鉱工業の町、リヴァプールは外洋航路の重要港でマンチェスターはイギリス屈指の大商工都市、というように、起終点ともその町の役割がはっきりしており、鉄道建設は目的が明確に認識されていたビジネスであった。そこには夢もロマンスもない――あってはならなかった。有利な配当の見通しだけがあればよかったのだ。そのような鉄道のために作った機関車に、「おや指トム」だの「ジャックと豆の木」だの「ロビンフッド」だのと、名前をつける気になっただろうか。

大陸横断鉄道建設と列車強盗

もうおわかり頂けたと思う。アメリカでは鉄道建設それ自体が、国の建設を象徴する行為であったから、いつも西の彼方に理想を求める叙事詩の舞台、アメリカン・ドリームというロマンスの虹がかかっていた。これが一八六〇年代以降の、あの大陸横断鉄道建設時代になると、ますます甚だしくなったのも当然だ。実際の鉄道建設が、政治家と事業家のなれ合い・裏取り引き、手抜き工事、インディアンへの圧制、労働者（とくにアイルランド人や中国人などの）の虐待などなど、要するに札束と暴力がまかり通る、アメリカ史上もっとも醜い汚辱の一ページであったことは、かなり知られている。詳しくは、デイ・ブラウン著『聞け、あの淋しい汽笛の音を』（鈴木主税訳、草思社）や、小池滋著『欧米汽車物語』（角川書店）をお読み頂ければわかるので、ここでは省略する。

ところが、一般に広く知られているイメージといえば、例えば映画『大平原』によって作られた勇壮な叙事詩の世界である。つまり、事実とつくりごとの差に目くじら立てるのもやぼな民間伝承となってしまった——たった百年そこそこ前のことだというのに。

同じようなことが、鉄道に関係したもうひとつの民間伝承、大列車強盗についても言えるであろう。有名なジェッシー・ジェイムズ（一八四七―一八八二）は、最初民謡の主人公となり、それからお芝居、それから映画のヒーロー（彼についての映画はなんと三十本以上もあるとか）となって、まさに「アメリカのロビンフッド」という名に恥じない。

ジェッシーについての真実に関してもいろいろ説があるが、大ざっぱに記すと次のようになる。南北戦争から復員後、まっとうな職につく気がなく、最初銀行強盗などをやっていたが、一八七三年以降、当時流行の列車強盗に転向したという。これでわかるように、彼は列車強盗を最初に思いついた独創性を誇ることはできない。アメリカ最初の列車強盗が、いつ、だれによるものか、これもまさに伝説のようになっているので、正確なところは分からないが、一八六六年十月六日、インディアナ州シーモア付近での、オハイオ・アンド・ミズリー鉄道の列車襲撃が幕開けだと言われている。

犯人はリーノ兄弟（クリントン、フランク、ジョン、サイモン、ウィリアムの五人）で一万ドルの現金を手に入れたというから、ボロいもうけである。確かに列車を襲うというアイデアは新しく天才的であった。当時の列車はスピードが遅く、馬で容易に追いつけたし、場所も淋しい所が多いから、銀行強盗よりはずっと容易だし、逃げるのにも都合がよかった。

というわけで、ジェッシーは本来ならリーノ兄弟にアイデア料を払わなくてはいけないはずなのだが、どういうわけか大列車強盗の代表格という称号をひとり占めにしてしまった。やはり先覚者はとかく損をするもので、大流行した黄金時代にデビューする方がよいのだろう。確かに一八七〇年代は大列車強盗の黄金時代だった。

しかし、ジェッシーのあまりにも傍若無人な荒稼ぎぶりにとうとう政府も重い腰をあげ、ミズリー州知事が彼の首に多額の賞金をつけた。これに目がくらんだ彼の手下の一人ロバート・フォードが、変名で隠れ住んでいたジェッシーのすきを狙って射殺したという。ところが、その翌日にはもう、次のようなジェッシー讃歌がだれかの手によってつくられ、広く一般に歌われるようになったのだから驚きである。


ジェッシー・ジェイムズは大勢を殺した。

クレンデイル列車から強奪した。

金持ちから奪い貧乏人に与えた。

彼は手とハートと頭の持ち主だった。

あの汚ない卑怯者ロバート・フォード、

やつはどんな気持でいるのだろう。
ジェッシーに一宿一飯の恩義がありながら、
ジェッシーを墓穴へ放り込んだやつ。

以下長々と歌は続く。まさにネズミ小僧かロビン・フッド並みである。はたして彼が本当に「金持ちから奪い貧乏人に与えた」のかどうかは疑問であるが、このようにヒーロー視されたのはなぜだろうか。彼が三十四歳の若さで非業の死をとげたということへの、センチメンタルな判官びいきの同情だけでは説明がつくまい。

大列車強盗神話のたそがれ

そこには、あまりにも巨大な組織にふくれ上がった鉄道会社に対する、一般民衆の怨念《おんねん》のようなものがあったろう。当時の鉄道会社幹部は、既に述べたように政治家と手を握って不当な利益をむさぼっていた。ある地域の運輸を独占したばかりか、線路の両側の一定距離幅の土地を政府から無償で譲り受け、不動産業者にもなっていた。

「自由な新天地があなたを待っている」とかいう甘いキャッチフレーズに誘われて

移住してきた農民は、毎日の必需品も、汗水たらして開墾した畑の作物も、すべて鉄道会社の言うままの運賃で、言うままの時期に運んで頂くしかなかったのである。さらに農作物がシカゴの市場でせりにかけられる時の価格も、鉄道会社の胸三寸で操作された。

小説家フランク・ノリス（一八七〇—一九〇二）が、カリフォルニア州サン・ホアキン谷の農民と、サザン・パシフィック鉄道との間に、一八七〇年代から八〇年代にくりひろげられた争いをテーマにした小説に『たこ』（一九〇一年刊）という表題をつけたのは、実に適切だった。まさに、鉄道会社は民衆の血を吸い取って、足を四方八方に伸ばし、ぬくぬく肥え太っていったのだから。

またアメリカ十九世紀社会史について詳しく知らなくても、この時代に「鉄道王」という名を冠した大富豪が続々と各地で生まれたことは多くの人が知っている。当然のことながら一人ひとりの王様の足もとには、多くの奴隷の姿（ときには死体）があったはずである。

こうした冷酷残忍な組織に対して、一人あるいはごく少数で戦いをしかけた列車強盗は、確かに民衆の共感を呼ぶところが多かった。彼らが兄弟の血とか、男の友情で結ばれていたということも、彼らを美化し、民間伝承の英雄とするのに都合が

『明日に向って撃て！』（ジョージ・ロイ・ヒル監督、1969 年）

よかった。すべてが金、金、金という時代（マーク・トゥエインは南北戦争後のアメリカの時代を「黄金時代」ではなくて「金メッキ時代」と呼んだ）に、彼らは利害を超えた人間らしいきずなで結ばれていたと、人びとは信じたかったのだ。だから金でジェッシーを売った手下を、人びとは猛烈に罵倒《ばとう》したのである。

しかし、実際はそんなにカッコいい人間関係ではなかったらしい。男の友情といえば、すぐにこれも映画『明日に向って撃て』（一九六九年）の二人組、ブッチ・カシディ（本名ロバート・パーカー）とサンダンス・キッド（本名ハリー・ロングボー）を思い出す。ところが真説によると二人は食いつめて南アメリカへ高飛びし、最後には一九〇九年、兵士の銃撃に包囲されて死んだという。ところが、ブッチだけは逃れて無事アメリカに戻り、老年まで生きのびて大往生したという説もある。これはかえってロマンの輝きを損なってしまうが、考えようによっては、日本の義経伝説のようでもあるから、まさに民間伝承の領域に入ったというべきであろうか。

大列車強盗の衰亡の理由はアメリカの西部開拓の終わり、フロンティアの消滅にある、とうがった説をなす人もいる。確かに一八九三年には、ある歴史学者がフロンティアの消滅を宣言している。しかし、もっと散文的で面白味はないが、より真実に近いのは、一八九一年にアメリカン・エクスプレス社が世界最初のトラヴェラーズ・チェックを発売したからという説である。西部への旅行客が現金を持ち歩かなくなったのでは、商売あがったりである。このように世の中がだんだんロマンスと正反対の方向に進んでいくので、ますます民間伝承の世界が稀少価値を持つようになるのだろう。

それでも列車強盗の神話は、なんと一九三三年まで生きのびたというからものすごい。この年の二月十五日、サザン・パシフィック鉄道の特急「サンセット・リミテッド」で、ジョージ・クリントン・パワーズという男が乗客から金品を奪い、車掌と射ち合って双方ともに死んだ。電話と飛行機の時代だというのに、いささか古めかしい幕切れであった。

アメリカのポップ・ミュージックと鉄道

日本の流行歌の中に、何と多くの列車や駅が挿入されていることだろうか！「プラットフォームの別れのベルが」「とめるあなた駅に残して」「上野発の夜行列車降りた時から」「吹雪まじりの汽車の音」などなど、もっとも有名なものを、思いつくままならべただけでも、すぐに数行が埋まってしまうだろう。

それにはもちろん理由がある。駅は出会いと別れの場であり、列車は出会いと別れをもたらすものであるから。また、人は静止した生活、平和な定住を求めたがるが、それが続くとあきてしまったり、逆に不安や焦りを覚え、流動を、出発を求めたがるものだ。とくに、閉鎖された生活から脱出したい、自由を求めて旅立ちたい、という願望は、若い人には抑えがたい衝動となることがしばしばある。その時、遠くへ向かって走り去る列車は、あこがれの象徴となるに違いない。

ホーボーは自由を求めて

アメリカにおいても事情は同じである。ことにアメリカという国は、旧大陸における閉鎖的な生活にあき足らなくなったり、あるいは、そこから追放されたりして、やってきた人が集まって作った国である。だから、自由の国にいったん定住しても、またそこに因習の鎖が作られかかると、再び自由を求めての脱出への願望が芽生えてくるのも、当然のことだろう。

幸か不幸か、十九世紀までのアメリカには、西の方に無限のフロンティアがあった。(この点は前項でも述べたから、繰り返すことはやめる。)西はいつも開いている——と、そのように思われたのである。だから、西へ西へと向かう列車は、無限の可能性を秘めているように思われた。息苦しい狭い社会でうんざりした人間が、どこへ向かうのか知らないが、ともかく貨物列車にもぐり込んで、あてのない旅に出たい衝動にかられるのも、無理のないことだった。

事実、「ホーボー」と呼ばれる、こうした人びとが十九世紀末から二十世紀の初頭にかけて、すなわち大陸横断鉄道網の完成とともに、アメリカ全土にかけて見られた。日本語の「方ぼう」から、英語“hobo”が生まれた、という説もあるが、これは定説とはなっていない。

ともかく、ホーボーたちは、操車場や貨物駅に停まっている貨車にこっそり乗り込み、あてもない旅をしたのである。もちろん、車掌に発見されてひきずり降ろされることもあるし、事故その他で死んだり、怪我をした者もいた。しかし、ホーボーは後を絶たないし、一九三〇年代の大不況で失業者が爆発的に増えた折には、当然のことながらホーボーの数も激増した。

歌うブレーキマン

こうした全アメリカ的社会現象であるホーボーを題材にした小説や流行歌が生まれたのは、当然のことである。文学ではO・ヘンリー（一八六二―一九一〇）がもっとも重要な作家である。彼の作品は日本でも多く知られ、翻訳されているから、ここで詳しく解説するまでもあるまい。ユーモアと、ほろ苦いペーソスをたたえた彼の筆は、まさに自由を求めてアメリカ各地をさまよい歩いた彼自身の体験から生まれたものである。

ホーボーを題材にしたポップ・ミュージックには、例えばウディ・ガスリー

ウディ・ガスリーの半生を描いた『ウディ・ガスリー／わが心のふるさと』（ハル・アシュビー監督、1976年）

(Woodie Guthrie, 1912–67) の「ホーボーのララバイ」(Hobo's Lullaby) がある。ガスリーは一九三〇年代のアメリカのフォーク歌手の中で、もっともよく知られている一人である。

そのほかにもジミー・ロジャーズ (Jimmie Rodgers' 1897–1933) の「ホーボーの瞑想」(Hobo's Meditation) とか「ホーボーの最後の乗車」(Hobo's Last Ride) なども注目に値する。

ジミー・ロジャーズは「歌うブレーキマン」(Singing Brakeman) という愛称で知られたシンガーソング・ライターで、結核のため惜しくも三十六歳で早死にしてしまったが、アメリカの白人カントリー・アンド・ウェスタン歌手兼作者としては中核的存在であった。最近、彼の再評価が著しいのも当然と思われる。

彼自身鉄道員であって、ブレーキマン（制動手）を務めていた。ブレーキマンとは、本来は文字通り手動ブレーキを操作する係員のことである。ウェスティングハウスによって空気ブレーキが発明される以前は、長大な貨物・旅客列車の中に、数多くの手ブレーキを装備した車輛が連結されており、そこにブレーキマンが乗っていた。通常の減速・停車の際、または非常の際には、機関車からの合図によって、ブレーキマンがいっせいに手動ブレーキを操作したものであった。

ところが、十九世紀末に、空気ブレーキが一般に普及すると、大勢のブレーキマンが職を失ってしまうことになった。一度に解雇すれば大きな社会混乱をもたらすので、ブレーキマンという名前のままで、車掌の助手のような雑用をやらせていたものである。例えば、停車駅の名を大声で呼ぶとか、そのような仕事である。

もともとブレーキマンは力が強いのがとりえであったから、他の仕事といっても、高度の技術や知能やサービス才覚を必要とする職種に移ることはなかなか難しかった。だから、いつまでも単純労働や手作業に甘んじていなければならなかったのである。

ジミー・ロジャーズが就職したころには、もちろん手動ブレーキを扱う仕事はなくなっていたであろうから、彼の仕事は車掌助手としての、それほど重要でない作業であったろう。だから、生まれながらの才能を生かして、シンガーソング・ライターとして名をあげようとしたのは、賢明な策といってよかろう。

しかし、鉄道員だけあって、彼が作り歌った作品には、当然のことながら、鉄道を題材にしたものが多い。題名だけをいくつか挙げただけでも、それはわかるだろう。

「列車を待つ」（Waiting for a Train）「列車の汽笛のブルース」（Train Whistle Blues）「サザン・キャノンボール」（Southern Canonball）――これは急行列車の名前。ケイシー・ジョーンズの歌の列車もこんな名がついていたことを思い出す――「サンタフェ鉄道ヨーデル」（Yoddeled on the Santa Fe）などなど。

二十世紀初期のブルースは、もちろん本来黒人の専売特許の観があり、白人がわざわざ顔を黒く塗って、ブルースを歌い演奏したものであった。ジミー・ロジャーズはそのような不自然なメイクアップなどはせずに、白人の姿のままで、黒人のブルース音楽をとり入れた新しい音楽スタイル、すなわちカントリー・アンド・ウェスタンを創造した第一人者であるといわれる。

とくに彼は、本来はスイスの山の牧童の歌い方であるヨーデルを、巧みにアメリカのフォーク・ソングにとり入れたことで知られている。お得意の鉄道の歌では、もの哀しい汽笛の音の模倣を、ヨーデルによってやるという名人芸を聞かせたものだった。

このように彼は多くの新しいスタイルを創造して、後世のフォーク歌手に多くの、強い影響を与えたといってよい。一九八〇年代になって、早逝のために忘れられかかっていたジミー・ロジャーズの再評価が盛り上がってきたというのは、フォーク音楽の初心・原点を再確認しようという傾向によるものであろうが、その原点に鉄道員による鉄道の題材が豊かにあったという事実は、大いに注目してよいのではなかろうか。

旅立ちへの衝動

それでは、この辺で代表的な鉄道ソングをひとつ紹介しよう。一九八〇年代に南カリフォルニア、ロサンゼルス出身のドゥワイト・ヨーカムが作って歌った「線路に沿って流れる煙」(Smoke along the Tracks) の一部分は次の通りである。

線路に沿って流れる煙の中で泣いているお前を残しておれは行く。
悲しくなると旅に出たくなるのが、おれの衝動なのだ。
おれは腰がすわらない、放浪の旅に出たい。
汽笛を聞くと、動かずにはいられなくなる。

（コーラス）
バイバイ、ソーロング、何かが線路の向こうでおれを呼んでいる。
バイバイ、ソーロング、おれはいつでもこうなるんだ。
こんな気持ちになったら、おれを止めてくれるな。

あの娘《こ》の愛はおれも知っている。おれもあの娘を愛している。
でも、あの娘にゃおれの悲しみがわからない。
汽笛を聞くと、おれは荷物をまとめて、
線路に沿って流れる煙の中で泣いているあの娘にキスを残す。
（前のコーラスの繰り返し）

まさに日本の流行歌と同じ世界であること、また「男はつらいよ」の寅さんの情緒と同じであることに驚かずにはいられない。だが、寅さんには、いつも帰ってくることのできる柴又の共同体が確実に残っているし、そのことを寅さん自身も知っている。それに反して、アメリカのホーボーはじめ多くの放浪者には、そのような帰り着く故郷がないところが、大きな違いなのである。

彼らの旅は周遊旅行ではなく。片道の旅なのである。ひょっとすると、生きては帰ってこられないかもしれない旅である。歌詞だけ見るとおセンチであるが、そこにこめられた状況は厳しい、タフなものであった。

これでもわかるように、鉄道による旅というものが、単なる遊びや趣味のひとつではなく、アメリカ民衆ひとりひとりの生き方のパターン――それがまさにアメリカの文化というものである――を象徴として示している。このことをはっきり教えてくれるものは、文化人の講演や論文ではなく、だれもが口ずさむポップ・ミュージックであったところも、これまたいかにもアメリカ文化の特質を物語ってくれるではないか。

第四章　イギリスの鉄道あれこれ

イギリスの保存鉄道に学ぶ

ときどきＮＨＫテレビなどで、時間が余った時の穴埋めのつもりで、イギリスの小さな保存鉄道のフィルムを紹介することがある。ご覧になった方も多いのではないかと思う。

緑の草原や林の間を、小さな蒸気機関車が煙を吐き、汽笛を鳴らしながら、これもかわいらしいマッチ箱のような客車を引いて走る。乗っているお客は、用事であわただしくやって来た人はいないようで、この汽車に乗るのが目的で来たレジャー客ばかり。

もっと面白いことに、機関手も助手も、車掌も駅員も、アマチュアのボランティアがほとんどで、ここで働いてメシを喰っているわけではない。よそで働いて貰った金を持って、暇の時に手弁当でやって来る。彼らがやっているのは労働ではなくて、これもレジャーの楽しみなのだ。

羨ましいなあ、と思う。日本も早くこうなればいい、と思う人も多いだろう。だが、テレビで見ていればいかにもいいことずくめのように見えるが、イギリスの保存鉄道だって、裏へまわれば、いろいろと苦しい楽屋裏がある。その辺のところをよく承知しておかないで、表面のきれいごとだけ見て、日本でも真似ようとすると、後でとんでもないことになるだろう。

第一に、保存鉄道の過当競争で共倒れになる危険に、あらかじめ備えておかなくてはいけない。もっとも、これはイギリスだからのことで、日本ではとても起こり得ないぜいたくな悩みかもしれない。でも、ともかく、イギリス全土（アイルランド、それからブリテン島とアイルランドの中間にあるマン島を含めて）には、八十に近い大小の保存鉄道・博物館がある。

そのうちかなりは、不便な場所にあり、自家用車がないと行けない鉄道や博物館もある。しかも、ほとんどが気候のいい五月から十月までの土・日や、夏休み中に開業するだけである。わが国の太平洋岸のように、冬でもお天気に恵まれるということの少ないイギリスでは、冬を含むほぼ半年は、道楽でも走らせることは難しかろう。

とすれば、いくら鉄道好きの多いイギリスでも、ひとつの保存鉄道を訪れる観光客が、それほど多くなるとは考えられない。それに博物館に入ったり、列車に乗ってくれなくては、お金は儲からない。自動車で来て、写真をとるだけや、眺めるだけのお客は、せいぜい安いお土産くらいにしか、財布の紐をゆるめてくれないだろう。

保存鉄道はもともとアマチュアのボランティア活動だから、人件費はわずかとしても、燃料や保守点検のためのお金はどっさり必要である。これをひねり出すためにも、ある程度の収入は確保できないといけない。保存鉄道があちこちに出来すぎて、限られたお客を奪い合うと、共倒れの危険が待ちかまえているのだ。

この危機に対処するためには、小さな数多くの保存団体が孤立していてはだめで、結束して大きな連合を作らなければならない。現にイギリスでは「鉄道保存協会連合」という団体がある。

例えば、開業の日程、列車時刻表、食堂・駐車場などの施設の有無、その他いろいろの情報を提供するパンフレットを作るにしても、この連合がひとまとめにして一冊の本を出す方が、はるかに経済的であり、効果が大きいことは分かりきっている。

個々のファンから見ても、ひとつひとつの小さな保存協会後援会に入ったのでは、会費はかさむし、手続きは面倒だし、ついつい疎遠になってしまうだろう。連合体後援会に入る方が便利に決まっている。

日本では、まだこのような心配が起きるほど鉄道保存の活動が全国的に進んでいないから、いいような悪いような、複雑な気持ちになる。しかし、他人《ひと》ごとと涼しい顔をしてはいられないだろう。ＪＲ山口線と大井川鉄道のほかに、蒸気機関車一輌程度で保存鉄道を動かしているグループが、少数ながらいくつかあるのだ。これからも増えること間違いない。

外部からの財政援助を全く期待しないでもよいという恵まれた状態ならよいが、直接・間接を問わず、観光客の落とす金にある程度頼らねばならないとしたら、やはり手遅れにならないうちに、全国連合体のようなものを作った方がよいだろう。

機関車の保守・修理といった技術的ノウハウはもちろんのこと、ＰＲの方法とか、団体客の注文のとり方など、互いに教え合い、助け合った方がよい結果を生むことは明白である。一冊にまとめたパンフレット発行も、当然考えるべきだろう。

ところが、ここで第二の厄介な問題が起こって来る。全国連合体を作ると、とかく中央集権的になりがちで、個性豊かな、それぞれの土地独自の活動がやりにくくなるという心配が生じる。いろいろな感情的対立も予想される。

全国的統一と個々の特殊事情の尊重とは、もともと両立し難いものなのである。あちらを立てればこちらが立たぬ、ということになる。しかし、この互いに矛盾し合う至難の業《わざ》を成功させないと、鉄道保存活動は長く生き延びることはできない。後世の人びとに鉄道文化財の遺産を手渡す、という立派な理想も、スタートでつまずいてしまうかもしれない。

この点で、先輩であるイギリスの保存鉄道のやり方をお手本に仰ぐことができる。もちろんイギリスの保存鉄道が全部うまく行っているわけではない。

右に述べたジレンマがかなり深刻であることが、かの地の鉄道趣味雑誌からもうかがわれる。もともと個人主義的な性格の強いイギリス人のこととて、そう簡単に自我をおし殺して、全体のために奉仕などはできない。

だから、全国連合体が出来たからといって、個々の保存協会が全部同じようになってしまうわけではない。いままで通りそれぞれの強烈な個性を発揮する。やりたいようにやり続ける。他のみんながやるから、自分も仕方なく右へならう、というような妥協は一切拒否する。その上で、納得できるところは譲る。

私たちがイギリスの保存鉄道に見習おうというのは、つまりは、イギリス人の生き方を見習おうということと同じである。横断歩道の信号が赤でも、安全と見きわめたら、他の誰が何と言おうと渡るし、たとえその結果自分が痛い目に遭っても、それは自分で始末して、他人のせいにはしない。これがイギリス人気質で、「赤信号みんなで渡ればこわくない」の正反対である。

保存鉄道も同じような一匹狼の覚悟で、なおかつみんなで力を出し合って、危機に備えるという姿勢をとりたいものだ。

ホームズは食堂車に行けたか？

コナン・ドイル作『シャーロック・ホームズの冒険』の中に、「ボスコム谷の謎」という短篇があることはご存知の方も多いであろう。そこでホームズとワトソンがイングランド西部で起こった怪事件を捜査すべく、一一時一五分ロンドンのパディントン駅を出発した列車で現地に向かう。車内で新聞記事を読みあさった後、ホームズが「スウィンドンで昼食だ。あと二十分で着くよ」という言葉を吐く。一見何でもないように思えるかもしれないが、妙だとお考えになった方はいないだろうか。もしこれが日本だったら、スウィンドン駅で駅弁を買って昼めしにしよう、という意味にとれるから、妙でも何でもない。しかし、イギリスに駅弁があったのだろうか。まさか。もしあったとしても、なかなかの美食家であるホームズが、サンドイッチ程度で満足するだろうか。おそらく食堂車へ行きたがることだろうが、それならなぜ特定の駅に来るまで待たなくてはいけないのか。かりに席の予約をしたとしても、予約は何時からというように決めるもので、何駅からと決めるものではない。

さらに原文を読むと、"We lunch at Swindon." とあって、"We will…" でも、"Let us…" でもないから、これは彼らの自由意志ではなく、既定の事実を述べていると しか考えられますまい。「昼食にしよう」ではなくて、「昼食だ」なのである。どうやらスウィンドンへ行かないと昼めしにありつけないような口ぶりである。さあ、このパズルを解いてみよう。

答はあっけないくらい簡単である。イギリスで最初に列車食堂が営業を開始したのは一八七九年で、ロンドンから東海岸を通ってスコットランドのエジンバラ方面に向かうグレイト・ノーザン鉄道であった。それ以前は乗客の食事のために、長距離列車が食事時に食堂のある駅に二十分ほど停車して、その間に各自が済ますことになっていたのである。例えば、ロンドン—エジンバラ間ではヨーク、ロンドン—グラスゴー間ではプレストン、というように、だいたい中間にある駅が食事停車用にあてられた。ロンドンから西へ行くグレイト・ウエスタン鉄道では、スウィンドンがそうだったわけである。

「ボスコム谷の謎」が発表されたのは一八九一年十月だから、既にイギリスには食堂車が登場していたが、駅の食堂経営者が自分たちの生活権が脅かされるといって鉄道会社に圧力をかけ、かなりの間この食事用途中停車の廃止を許さなかったのである。しかし、鉄道側としてはスピードアップで競走せねばならぬ時に、ひとつの駅で二十分も列車全体を停めておくのは時間のロスも甚だしいというわけで、食堂側を説得して次第にこの停車を廃止して食堂車に切りかえて行き、一八九五年にはこの食事用途中停車の習慣はなくなった。だからホームズもワトソンも、あと四年は食堂のついていない列車で我慢し、昼食はいやでもスウィンドンの駅食堂でとるしかなかったわけである。

この食事のための途中停車の習慣は、イギリスで最初の鉄道といわれるリヴァプール・アンド・マンチェスター鉄道創業の十年後、一八四〇年にロンドン・アンド・バーミンガム鉄道が、この二都市のほぼ中間にあるウルヴァートン駅ではじめたそうである。停車時間は十分ほどだったというから、落ち着いて食事を楽しんでいる暇などはなかったのだろうが、当時はイギリス病などという言葉はなかったのか、サービスは実に能率的だったようである。当時のある旅行記の著者に言わせると、こうした食堂のウェイトレスは、「温いスープ、温いコーヒー、温いお茶、菓子パン、バンベリー・ケーキ、ポークパイ、ブランデー、ウイスキー、ジンなどに遙かに勝る魅力」だったそうで、古代ギリシャのオリンポスの神々の給仕をつとめた「ヒービーの現代版、若さと美しさと優雅さがすべて集中している」と、べた褒めである。

しかし、別の本の著者はもっと厳しくて、「ミルクが酸っぱかろうと、スープに胡椒が入りすぎていようと」客の苦情に対しては時折「笑顔の十万分の一」を出し惜しみしながら見せるだけで、やむを得ぬ必要以上は一言も口をきかぬお嬢さまばかりだったとか。「それでもどういうわけか、これら最高に模範的な乙女たちのほとんど全員が、幸せな結婚を何とか成就できた」のだそうだ。

食堂車時代について書かれた逸話・随想は枚挙にいとまがないが、ここではブライアン・モーガン（一九二三―一九七六）という、鉄道も好きだがお酒も大好きな、わが内田百閒《ひゃっけん》先生のイギリス版のような名文家にご登場願おう。『飲酒大全』（一九五六）という素晴らしい題の本である。

いまでは鉄道に乗っての一杯は昔とは違う。（中略）今日のエアコンつきのディーゼル車のがさがさした壁飾りは、もはやプルマン車しか残してくれていないマホガニー、ビロード、真鍮《しんちゅう》、カットグラスのかもし出す美しい雰囲気の代りをしてはくれない。しかし、列車内での一杯は、いろいろな理由で、魅力を持ち続けることだろう。

列車の中で一杯やり続ける理由は――旅が楽しいから、あるいは、旅が楽しくないから。一人ぼっちだから、あるいは、連れがいるから。咽喉がかわいたから、あるいは、いつまでもお代りできる時間があるから。あるいは、他にやることといったら、食堂車で一杯やることだけだろうから。

「ゴールデン・アロー」号や「ブライトン・ベル」号とともに、イギリス最後のプルマン車も消えてしまった。しかし食堂車での一杯は、これからも消えないであろう。

「ディケンズ」レールを走る

日本でも昔は「義経」とか「弁慶」とかいう蒸気機関車があったが、イギリスではSLに愛称をつけるのはごくあたり前のことだった。だから、イギリス人にとってもっとも親しみのある「Charles Dickens」というSLがいたとしても、ちっとも不思議はないであろう。

昨年、内山正平先生からそのSLの写真を頂いたので、その車の経歴をちょっと調べてみた。これはロンドンのユーストン駅から北西に向かい、マンチェスター、リヴァプール、カーライル方面に線路を伸ばしている大幹線、ロンドン・アンド・ノース・ウエスタン鉄道に所属し、同会社の名技師長として鉄道史に知られたFrancis W. Webbの設計によって製作された“Precedents”Classと呼ばれる形式の中の一輛である。

この“Precedents”は、一八七四年から八二年にかけて七十輛も作られた、幹線急行旅客用の蒸気機関車で、当時としては最高にカッコいい新鋭の貴婦人だったのである。前部に小さな先輪が二個、続いて直径六フィート七-二分の一インチ（二メートル七ミリ）という大きな動輪が四個つき、日本風に呼ぶと1B形というわけで、後部に六輪の炭水車を従えている。なお日本のSLと違うところはシリンダーが外側でなくて内側についていることで、これはイギリスではごく普通のことである。

“Charles Dickens”はこの形式のいちばん最後に来る車で、一八八二年二月に、同鉄道のCrew工場で誕生、番号は九五五である。Crew は Dickens が『オール・ザ・イヤー・ラウンド』一八六六年クリスマス特集号に企画した“Mugby Junction”のモデルではないかといわれる駅で、ロンドンからグラスゴー方向に向かう本線から、マンチェスター行き、アイルランドへ渡る連絡船の出発港ホーリーヘッド行きの線路が分かれる重要な拠点駅、日本でいうなら大宮とか鳥栖《とす》のようなもので、ここに大きな鉄道工場もあった。出来るとすぐマンチェスター市内のLongsight機関区に配属され、仕事をはじめてから九年と二百十九日で百万マイル走り、一九〇二年八月五日に二百万マイルを達成、三十年間とちょっとの活躍の後、一九一二年十一月にスクラップ処分となった。どこかに残っていれば、ディケンズ友の会あたりで買いたいところだが、残念の至りである。

このSLの通常の仕事は、マンチェスター八時三〇分発のStoke-on-Trent（スタフォードシャーの陶器生産で有名な都市。アーノルド・ベネットの小説の舞台である）経由ロンドン・ユーストン行き急行を引いて都入りし、その日の午後四時にユーストン発の急行を引いて戻る、というものだった。あるマニアが計ったところによると、一八八六年のある日、この列車は途中最高時速六二・一マイル（九九・四キロ）にまで達したそうである。明治十九年の狭軌の日本と比べることはそもそもナンセンスだが、東海道線が新橋から神戸まで全通したのがその三年後の明治二十二年である。

この第一代“Charles Dickens”が消えた後、おそらく第二代ではないかと思うが、正確にはわからないが、一九五一年にもう一輛この文豪の名を冠したSLが製造された。この時はご存じの通りイギリスの鉄道は全部国有化されていた。“Britannia” Classと呼ばれた七〇〇〇〇―七〇〇五四までの総数五十五輛の形式は、先輪四、動輪六、従輪二というパシフィック形（日本でいうと2C1）の炭水車つきで、国有化後最初に登場したSLである。この中の七〇〇三三号が“Charles Dickens”と呼ばれたことは確かなのだが、どこで働いていたか、その後どうなったかは不明である。

設計はDerbyの国鉄工場、製造は初代と同じCrew工場だが、この頃はすでにSLの黄金時代は終わっていたし、昔のように各鉄道がしのぎを削って競争していた時代でもなく、技師長がその個性と能力を十二分に発揮できた時代でもない。どこの路線にでも向くような穏当な設計だが、それだけにあまりにもスタンダードで個性に乏しいデザインである。地下の文豪が見たらあまりいい顔はしなかったかもしれない。

日曜運休

イギリスの鉄道時刻表を見ていて気がつくことは、ほとんどすべての路線で「月曜から金曜まで（平日）」「土曜」「日曜・休日」と三種類に分けられていることである。

日本の時刻表でも、都市の通勤通学客の多い線は「平日」「休日」にはっきり分けられているが、幹線、特に長距離の急行・特急列車は、一年じゅう毎日同じである場合が普通である。ところがイギリスでは、その長距離列車がはっきり違っているのだ。

もうひとつ日本人にとって意外に思えることは、通勤通学路線の朝夕のラッシュ時を別とすれば、平日より休日の方が列車の本数が増えるのが当たり前だと思っていたのに、イギリスではその逆、日曜・休日にはぐっと本数が減り、特に長距離急行列車が減ったり、スピードダウンすることが多く、路線によっては全部鈍行になったり、もっとひどい場合、地方の閑散路線では、日曜・休日には一本も列車が走らなくなってしまうことだ。

日曜・休日は客の動きが増えるのだから、臨時列車の増発があって当然と考えている日本人にとって、これは何とも驚きであって、この点について苦情を言っていた人が多かった。殊に地方へ観光旅行に出かけて、たまたま日曜・休日にぶつかり、一本も列車が走らないと聞かされて、呆れかえっている人を私は何人も知っている。

「イギリスは日曜になると、汽車まで休んじまうのかねぇ！」

現代の時点でこの奇妙な現象の原因を考えてみれば、いわく、休日出勤の従業員のために多額の賃金を払わねばならない、とか、イギリスの鉄道の客は仕事のために乗る場合が多くて、遊びや楽しみのためには自動車を使う、などなど、いろいろ答えが出て来るだろう。しかし、基本的には、いまだにイギリス人の生活の中に、かつての安息日厳守主義という宗教的な習慣が根強く残っているから、と考えてよいだろう。

日曜日や宗教的祭日（クリスマスとか復活祭とか）は本来遊ぶためのものではなく、教会へ行き、あるいは家の中で宗教についての黙想にふけるためのものだ、と信じられていた頃、その日に日常の業務を行なったり、ましてや遊興にふけるなんて、とんでもない罪だというのが、社会一般の通念だった。「ホリデイ」とは「ホーリー（神聖な）デイ（日）」なのだから。

最近では宗教が日常生活に及ぼす力が弱くなってきているが、それでもなお、日曜にはお芝居はほとんど休み、映画も日中はやらずに夜だけ、イギリス市民にとって欠くことのできないパブ（町の居酒屋）も、ふだんの日は夕方五時半頃開くのに、日曜は七時にならないと開かない。したがって酒類を出すことを認められているレストランでも同じであって、七時前に行っても酒はおあずけである。われわれ異教徒にとっては、何ともあじけない日曜日だ。この規制が廃止されたのは、つい最近のサッチャー首相時代で、彼女の悪口を言う人でも、この点だけは善政だったと言って褒める。

二十世紀でさえこの有様なのだから、宗教的タブーの厳しかった十九世紀には、この安息日厳守主義はもっと徹底的で、当時は鉄道を含めて多くの公共交通機関は日曜運転休止であった。かりに動いていたとしても、一般市民は仕事に出かけてもいけない、遊びに行ってもいけない、家の近くの教会か家の中でじっとおとなしくしておれ、という次第では、乗客はいなくなってしまうだろう。

しかしながら日曜にだって旅行しなくてはいけない人は現実にいるだろうし、イギリス人全員が安息日厳守主義に賛成していたわけではない。現にイギリス最初の長距離幹線鉄道ともいうべき、ロンドン・アンド・バーミンガム鉄道は、全線開通の一八三八年以来、日曜でも列車（もちろん平日より少ない）を運転することにした。今日では当たり前に思えるかもしれないが、当時としては実に大胆な冒険であって、果たせるかな、多くの宗教家や信心深い人たちから猛烈な反対をくらった。

一八四一年、開通間もないニューカッスル・アンド・カーライル鉄道（東西海岸を結ぶ横断線）が、日曜、日帰り割引き切符のポスターを各駅に貼り出したら、たちまちその横に、誰が貼ったのか知らないが、もう一枚別のポスターが現われた。その文面にいわく、

「安息日を汚す者にご褒美。次の主の日（日曜日のこと）にカーライル鉄道は七シリ

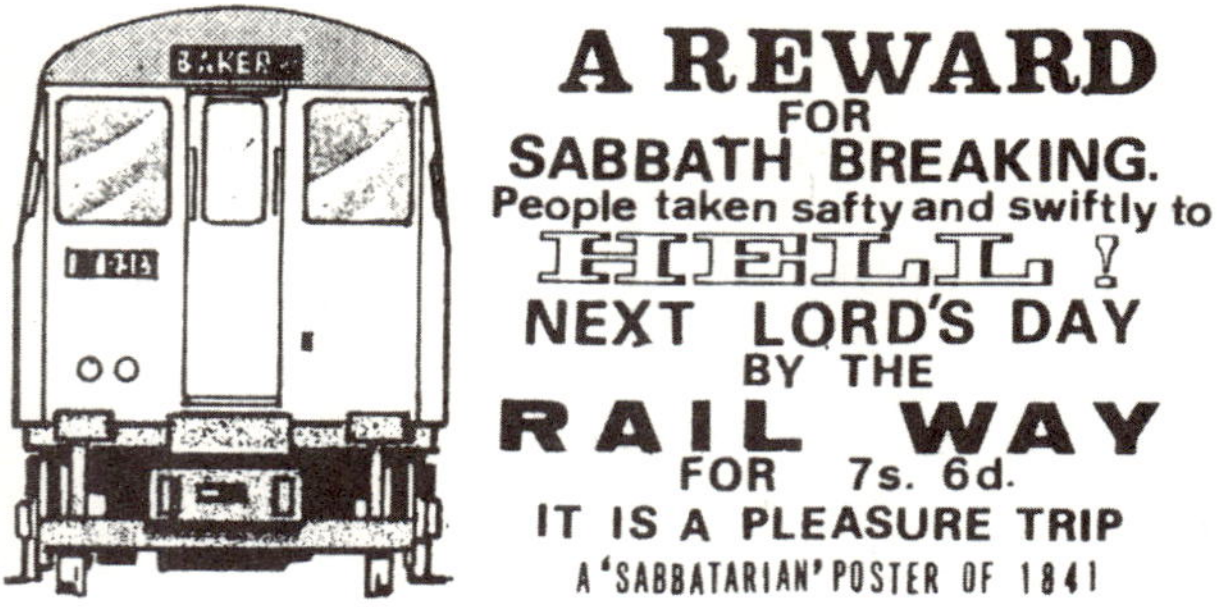
BAKER
A REWARD
FOR
SABBATH BREAKING.
People taken safty and swiftly to
HELL!
NEXT LORD'S DAY
BY THE
RAIL WAY
FOR 7s. 6d.
IT IS A PLEASURE TRIP
A 'SABBATARIAN' POSTER OF 1841

ング六ペンスで地獄行きの安全快速列車を運転！　愉快な旅です！」

　アメリカの有名な小説家マーク・トゥエイン（『トム・ソーヤー』や『ハックルベリー・フィン』の作者）が書いた短篇小説に、『社会改革者と旅して』というおもしろい作品があって、十九世紀後半のアメリカ鉄道旅行について、いろいろのことを教えられる。例えば、当時の鉄道客車の中に「日曜には車内でトランプ遊びをしないこと」という、鉄道規則が貼り出されていたそうだ。アメリカ東部には戒律にやかましいピューリタンが多く住んでいて、社会的勢力を持っていたから、鉄道会社に圧力をかけたのであろう。

　これに対して社会改革者を自認する一退役陸軍少佐が、敢然として意図的に規則違反をするのだ。止めに来た車掌に向かって少佐は、会社

はなぜこんな規則を考え出したのでしょうか、と尋ねると、車掌は当惑しながら、

「それは、列車には宗教心の強いお客さまも、多数乗っていらっしゃるでしょうから、そのかたがたに不快な思いをさせないように、という配慮からでしょう」

と答える。すると少佐がすかさず反論する。

「彼らは自分が旅行することで安息日をけがしておきながら、他人には無邪気な遊びを禁ずるという。何という手前勝手な言い分ではありませんか」

これはマーク・トゥエインの自称宗教家に対する痛烈な諷刺である。

これは一鉄道会社の規則であるが、イギリスには十七世紀のジェイムズ何世かの頃にできた国法が、現在もなお生きていて、クリスマスの日には英国民は日常の業務をやってはいけないことになっているのだそうだ。クリスマスの日は日曜以上に列車の運休が多く、ロンドンの地下鉄や市内バスでさえ、午後三時頃からストップしてしまったように記憶している。しかし、少なくとも午前中は間違いなく何本か動いていた。

これを運転した運転手、運転を命じた鉄道の責任者は、右の国法に明らかに違反しているのだ。しかし、運転手や車掌や上役が警察に連行されたとか、罰金を払わされたとかいう話は聞いたことがない。

「そりゃそうさ」と、私にこのことを教えてくれたイギリス人が言った。「彼らを警察へ連れて行けば、警官が日常の業務をすることになり、法を破ることになるからね！」

終章　鉄道は文化財である

産業文化財とその保存について

「文化財」というと、すぐ頭に浮かぶのは、桂離宮とか、姫路城とか、奥飛騨《ひだ》の合掌造りの民家とか、滅びかかった民謡・舞踊など、とにかく古いもの、珍しいものではないだろうか。確かにこうしたものは、大切に保存して次の時代の人びとに伝え残さねばなるまい。

ところが、工場とか、その中にある機械とか、発電所とか、鉄道・道路とか、テレビ塔などなど、これらは古いよい文化を滅ぼす悪役のように思いがちなのである。

例えば、水力発電所を作るために、山の中の村がダムの水底に沈んでしまえば、そこに伝わった古い芸能、昔ながらの風俗習慣などは消えてしまうことが多い。祖先伝来の遺産は、別の場所に移し代えても、そこに根を張ることは難しいのである。だから、産業革命や、それとともに地球上にのさばり出した機械文明は、文化の破壊者であり敵なのだ、と考えたくなるのも無理ないのかもしれない。

しかし、もう少し頭を冷やして考えてみよう。新しくやって来た機械設備だって、いつかは古くなって、その後からやって来るもっと新しいものによって破壊され、追い払われる運命にある。いや、姫路城や合掌造りの民家に比べて、機械の生きのびる年月というものは、何と短い、はかないものだろうか。さんざんこき使われて、ガタが来たら、すぐにポイと捨てられてしまうのである。まだ充分使えるとわかっていても、もっと能率のよい、安上がりの新型が考案されれば、すぐにポンコツにされてしまうのである。

機械というものは同じものが他にいくらでもあるし、かりになくなったとしても、すぐに同じものを作ることができる。だから価値がないのだ。保存するなどとは金とスペースと労力の無駄だ——こんな風に多くの人が考えていた。例えば皆さんの家でも、初めて買った電気洗濯機やテレビを大切にとってあるだろうか。結婚祝いに頂いたお皿は大事にしまってあっても、同じ結婚の時にわが家に備えた電気冷蔵庫は、その後、新品を買う時に下取りに出してしまったのではないだろうか。

同じことが、国全体についても言えるのである。明治時代に新しい文化の利器として歓迎した織物機械や蒸気機関車（陸蒸気《おか》）や電信機械（テレガラフ）などは、いまではどうなってしまったのだろうか。ごく少数が博物館のなかで眠っているだけで、大部分はスクラップになってしまった。

古い機械を昔のままに大切に保存して置くことは、はたして無駄なことなのだろうか。絶対にそんなことはないのである。祖先の知恵と努力が生み出した結晶を、後世の人たちのために残して置くことは、姫路城や桂離宮を大切に守るのと同じくらい価値あることだと思う。はじめの頃のお粗末な、外国から輸入した機械が、どのように急速に進歩発達し、わが国独自の技術によって立派な水準を築き上げ、逆に外国に輸出するようになったかのプロセスは、本で活字とイラストとして残すだけでは、後世の人びとに対して不親切である。実物そのものを、しかも昔のままに動けるようにして残しておくことこそが、本当の意味での教育遺産ではあるまいか。

世界で最初に産業革命をなしとげた国イギリスは、ご承知の通り現在では科学技術の面でも、経済の面でも、他の国ぐにに追い抜かれて斜陽の国とか呼ばれているが、ひとつの点ではいまだに世界のトップを走っている。

それは、自分の国が誇る産業文明を大切な遺産として立派に保存して、後世に残そうとする姿勢である。産業革命以後に生まれた機械類、初めて蒸気機関車が登場した頃の線路、橋、車輌などを、古代ローマ人が作った石壁や、中世のゴシック建築の聖堂と同じように大切に保存し、これを材料として学問研究を熱心に行なっているのである。

このような研究を産業考古学と呼び、第二次世界大戦後とくにイギリスで盛んに行なわれるようになった。これをただ単に骨董趣味とか、コレクション・マニアのお遊びとか、古き時代を懐かしむノスタルジアと考えるとしたら、それは誤りである。第二次大戦後は世界的に科学技術が驚異的発達を遂げた時代である。第二次産業革命の時代とさえいわれている。この進歩によって古い機械が次つぎに不要になり処分されていく。そのスピードは、古いお城や民家が消えて行くよりもずっと速く、人びとの関心もずっと薄いのである。

だから、今こそ古い工業施設をポンコツから救う努力をしないと、手遅れになってしまう。人びとの関心を呼び起こして、一見無価値なガラクタ、場所ふさぎの厄介物のように思えるものでも、後世の人にとってかけがえのない歴史資料になるのだ、ということを皆で認識する必要があるのだ。

さすが先輩だけあってイギリスは、手遅れにならないうちにこのことに気づき、さっそく実行にとりかかった。エネルギー資源としてはもう時代遅れである石炭を掘る機械も、決して放りっぱなしにしていない。昔ながらの溶鉱炉も使える。十八世紀末に全国に張りめぐらされた運河の網の目を修理して、船が通れるようにした。鉄道開業百五十年記念行事には、新旧の蒸気機関車パレードをやって見せた（これはテレビでご覧になった方も多いだろう）。

このような仕事は、ただの学問研究で終わるわけではない。観光事業のひとつともなり、世界各国からお客を引き寄せて、お金を落として貰うという、実利的な価値もあるのだ。イギリス人はちゃっかりとそこまで計算に入れている。

これに比べてわが日本はどうかというと、科学の水準や新しいテクノロジーの面では、先輩のイギリスをとうの昔に追い越して、はるか後方に水をあけている。明治初年には、イギリス人に何から何まで、手とり足とり教えて貰って鉄道を走らせた国が、いまでは世界に類のない「シンカンセン」（これは国際的に通用している言葉である）を持ち、外国に技術指導をしているほどなのである。

つまり、いつも前を必死に睨みつけ、前にあるものを追い抜くことに全力を注いできただけで、後をふり返ったり、追い抜いたもの、捨て去ったものの後始末にまで気を配る余裕がなかった。レースの落ちこぼれを拾い上げるなんて、そんなノンキなことやっていられるか——というのが、正直なところだった。

ところが、その高度成長達成の代価として、ずいぶん高い支払いをしていたことに、なかなか気がつかなかった。後世に残すべき大切な産業文化財を、そうとも知らず粗大ゴミとして捨てていたのである。定年になってもまだ元気でいるご亭主を粗大ゴミ扱いにすると、冗談として笑ったり、怪しからんと怒ったりするが、まだ使える機械が新品に追放されて粗大ゴミになっても、笑う人も怒る人もいないだろう。当然のことと思って、誰も首をかしげなかったからである。

しかし、オリンピックが終わり万博が過ぎ、高度成長にもかげりがさし、モーレツに対する反省が現われはじめた頃、追い抜かれてずっと後の方をのんびり走っているかつての先進国、現在の斜陽国に、いまだに学ぶべき点が残っていることに気づいた。そのひとつが産業考古学で、わが国でも昭和五十一年に産業考古学会という、当時（いや、いまでさえ）あまり聞き慣れない名前を持った団体が結成されたのだった。

正直言って私は科学技術史の専門家でもなければ、歴史の勉強をきちんとやった人間でもない。私がもっぱら学んだのはイギリス文学だから、素人もいいところである。ただ、十九世紀のイギリスの文学を読んでいると、いやでも産業革命後のかの地の社会や人間生活に、関心を持たずにいられなくなる。それに子供の頃から鉄道が大好きで、いまでもそうだから、鉄道の発祥地イギリスと、鉄道誕生の時代に興味をそそられる。

というわけで、英語で書かれた文献をいくらか読みあさり、イギリス現地でいくつかの実物の保存物などを見ているうちに、つくづく考えさせられてしまったのが、日本人の古いものに対する思いきりのよさ、未練のなさである。逆に言うと、ヨーロッパ人、とくにイギリス人の古いものに対する未練ぶり、執着ぶり、しつこいばかりの思い入れに、日本人である私は驚き、あきれ——そして、いつの間にか感心させられてしまった。

もちろん日本にも科学博物館や交通博物館、その他があり、記念すべきものが保存されている。しかし日本の場合、保存物があまりにも数少なく、精選されすぎているのである。例えば大宮の鉄道博物館には、日本のSL第一号が置いてある。第一号とはいうものの、ほぼ同時に十輛ほどがイギリスから輸入され、製造所も形も性能もいろいろさまざまであった。

その全部は無理としても、少なくとも比較のために二、三輛くらいはほしいものである。例えば明治五年開業時のＳＬは、みながみな小さいものばかりではなかった。うしろに石炭と水を積んだ専用の車を従えた堂どうたるテンダー機関車もあった。しかし、それは第二次世界大戦中まで鉄道省の大井工場の隅っこで、雨ざらしのまま放り出されていて、戦争中にスクラップになってしまった。

それに、第一号だけを保存したとて充分ではない。それからの進歩・発達の跡をたどるためには、ある時期の代表的な作品をいくつかずつ残さなくてはいけない。ただ、古いから大切にするというのでは、骨董趣味と同じである。系統的に集めてこそ、はじめて研究の材料になるのであろう。

もうひとつ日本の博物館の保存物で残念なのは、ほとんどが動かないということである。墓石や石器ならいざしらず、機械は動いてこそ生命が宿るといえよう。蒸気機関車であれば石炭を焚き、煙と湯気を吐いて走らなくては、本当の保存とは言えない。百二十年以上前のＳＬだって、生まれた当時と同じように動かすことは決して不可能ではない。その証拠に第一号と同じころ輸入された機関車が、いまでも愛知県の明治村でお客を乗せた客車を引いて、元気に走っている。

これでおわかりのことと思うが、古い産業文化財の保存で大切なのは、そして大きな困難を伴うのは、探したり発見したりすることではなくて、見つけた後の保存の仕方なのである。産業考古学が普通の考古学と違うのも、ここなのだ。

　原始人の土器を見つけ出すことは大変難しいことだろうが、一旦見つけ出したら、雨風や熱や人間のいたずらで損なわれないように、大切にしまっておけば永久に残せる。古い機械や工業施設も、もちろん動かぬよう、こわれぬように保存するだけでも、しないよりはましである。しかし、本当の意味での保存とは、かつて仕事をしていた時のままの形と状態で後世に残すことなのである。

　このように考えると、現在日本の各地の公園広場や、小学校の校庭などに置かれてある、数多くの蒸気機関車が、はたして「保存」の名に価するかどうか、首をひねらざるを得ない。あれを眺めて、日本は産業考古学の天国だ、と感激する人がいたとしたら、かなりおめでたい人であろう。あれは「保存」ではなく「放置」——もっとひどく言えば機関車の「うばすて山」ではあるまいか。

　雨にさらされて赤錆となり、部品は盗まれたり、取りはずされたりして、見るも哀れな姿である。その上、この頃では、盗難防止のためであろうか、それとも、子供がよじ登って怪我をして親から苦情が出たのであろうか、厳重に金網や鉄柵で囲ってあるところもある。これでは未来の子供たちに親しんで貰おうという方が無理であろう。

技術革新でおあまりになった古ものだからといって、これではひどすぎる。産業文化財と名乗るからには、やはり適当な場所に置いて、人間がよく世話をしてやって、昔と同じように元気に動けるように保存してやらなくてはいけない。しかし、口でそう言うのは簡単でも、実際にそんなによく面倒を見るのは大変である。お金と時間と人手をふんだんに使わなくては、やって行けない。このせち辛い世の中に、そんなことやっていられるものであろうか。

だから、結局のところ、「おカミ」に任せっきりという考え方をすてることが肝心である。政府の博物館とか、大会社とかお金持ちとか、そういう大樹にすがろうと思っても、この不景気な世の中では、そうは問屋がおろしてくれない。誰かがやってくれるのを待っていても、誰もやってはくれまい。その間に古いものはどんどんスクラップになっていく。

まず自分が手弁当で、僅かな金でも自腹を切ってやるしかないのである。金がなければ労力奉仕を申し出ればよいのである。機械を動かすのが苦手という人は、保存活動をいかに採算がとれるように続けるか、頭を使って下さればよろしい。資金集めのバザーに協力してもよろしい。やる仕事はいくらでもある。

草野球という言葉があるが、産業文化財の保存とか、産業考古学とか、いかにももののしく聞こえる活動も、結局は草野球と同じ精神で、好きな者が集まって、あくまでボランティア活動として、出来るところからつつましく始めるしかない。それが次第に根を張って、文字通りの「草の根」の強さを発揮するまで、地道に辛抱強くやるのが、いちばん長続きする確実な方法である。

この点でもイギリスは先輩である。田舎の小さなSLが走る保存鉄道は、文字通りの「私鉄」で、一人ひとりの「私」が、手があいた時に機関手、車掌、駅員、保線係、修理工になる。

皆が皆手弁当で、「好きだから」やっているわけだが、結果的にはそれが産業文化財の保存と、次の世代へのバトンタッチになっているのである。アマチュアとは「愛する人」の意味だが、これこそ真の意味での（最近ではスポーツの世界でも消えかかっている）アマチュアリズムではあるまいか。

軽便鉄道保存の実例

かつては日本三大銅山のひとつと数えられた、石川県の尾小屋銅山も、コストが安い輸入原鉱石のお蔭で閉山となってしまい、一時は鉱山町として栄えた尾小屋も、灯が消えたように淋しくなってしまった。それとともに尾小屋と麓の小松市（ここはＪＲの北陸本線が通っている）を結ぶ、全長十六キロほどの軽便鉄道、大正八年（一九一九）開業の古い歴史を持つ尾小屋鉄道も、生きのびることが難しくなってしまった。

なにしろ銅を運びおろし、鉱山に働く人びとのための生活必需品を運ぶための目的で作られた鉄道なのである。冬には豪雪に見舞われる山の中だから、道路よりも鉄道の方が確実な輸送手段として認められていたのだった。最盛期には一日十往復以上の列車がピストン輸送をやり、鉄道は活況を呈していた。ところが閉山後の尾小屋に残る僅かな住民だけでは、とても経営が成り立たなくなり、昭和五十二年（一九七七）三月、尾小屋鉄道は全線廃業となって、五十八年の長い歴史を閉じた。

この線のゲージは七六センチ二ミリ（二フィート六インチで、日本の軽便鉄道の標準寸法）で、最初はすべての列車を蒸気機関車が引いていたが、後に経費節約のためにお客はガソリン（もっと後にはディーゼル）・カーに譲り、貨物列車もディーゼル機関車が引くようになった。

しかし、山の中に分け入り、急な坂道の多い路線であるから、冬の豪雪期には、何といっても蒸気機関車の方が頼りになった。というわけで、最後まで小さくてかわいらしいＳＬ（戦後に富山県の立山重工業という会社で製造された）が一輛、元気に働いていたのである。

尾小屋鉄道が廃止と決まった時、地元の小松市役所は、かつての終点尾小屋駅の敷地の一部を買い取り、さらにＳＬ、ディーゼル・カー、客車を一輛ずつ買って、屋根の下で保存展示することにした。スクラップにならずに済んだのは何よりだが、動かない状態のままで置いておくと、年月がたつうちに錆びつき朽ち果てることは、わかりきっている。

私と大学時代の鉄道研究会の仲間ＯＢとが尾小屋鉄道に話をもちかけたのは、車輛の一部と、ごく短い線路と、その下の土地を買いとって、動かせる状態で保存したいと思ったからである。初めのうちはマニアの冗談と、本気にして貰えなかった。無理もない。その頃は日本じゅうで、個人グループが鉄道を動態保存する例など、他になかったのだから。

私たちはまず、旧尾小屋鉄道の社長さん以下職員の皆さんに、この軽便鉄道がいかに日本で貴重な存在になってしまったかを説明しなければならなかった。これだけの古い歴史と、長い線路と、多くの車輌と施設（信号、線路、鉄橋、トンネル、ターンテーブルなど）を持つ軽便鉄道は、他にないことを話し、もしこれらがひとたびスクラップになってしまえば、二度ともとに戻すことはできないのだから、ぜひ後世に残す価値がある、と辛抱強く説得したのである。

私たちが本気だと理解して貰えたのと、私たちが買いとっても地元に残して保存すると約束したことが好意的に受けとられたために、やっと譲渡の承諾をとりつけることができた。私たちは軽便鉄道保存会を作ったが、メンバーはサラリーマンが多いからお金持ちはいない。買えたのはディーゼル機関車、ディーゼル・カー、客車それぞれ一輛、旧尾小屋車庫とその周辺の線路と土地のごく僅かだけであった。

二つある車庫のうち、ひとつは老朽していたので完全に新しく建てかえ、もうひとつも補強工事を施した。なにしろ雪の深い山の中で、二メートル以上積もるのだから、頑丈にしておかないと、屋根に積もった雪の重みで車庫がつぶれてしまう危険がある。それやこれやで、いろいろ金がかかった。

それからはやくも三十年の月日がたった。雪が降り積もる冬の数カ月を除いて、年に四、五回みんなが交代で訪れ、車輛の点検、車庫や線路の保守を行なっている。メンバーはそれぞれ勤めを持っているから、主に土曜日曜を利用する。保存会と名乗ってはいるが、会則があるわけでもなく、気の向いた時に活動する同好者の自由な集まりである。

というわけで、車輛も施設もいまなお健在で、全部つないで伸ばしても百メートルそこそこのレールの上を車が走り、ポイントもちゃんと動く。もっとも夏になると雑草がぼうぼうと生い茂り、それをまず刈らないと車輪が空まわりしたり脱線するので、半日は草刈りで費される。アメリカ、ロシア製の古いレールも大切に保存してある。

私たちのディーゼル・カー、キハ一二号は昭和十三年（一九三八）に製造された、ギアによる変速機つきの古くて珍しい車輛だけに、いろいろな癖があって、クラッチひとつつなぐにも職人的なカンと呼吸が必要だ。新しいマイカーに乗り慣れた人にとっては勝手が違う。

また、線路を最初の五十メートルほどから、現在の百メートル近くに延長した時も難儀をしたものだった。ふだんは鉄道とまったく無縁の仕事のメンバーは、本職の保線職員のやり方を見よう見まねでやってはみたものの、枕木（本当に木ですぞ！）

にレールを固定する犬クギを打つ作業ひとつがままならない。

　そのような私たちを見るに見兼ねてか、旧尾小屋鉄道のOBの人たち、いまはバス会社に勤めたり、農業をやっている人たちが休みの日にやって来て、いろいろ助け舟を出してくれたり、長年の経験に基づく助言をしてくれたのは大変有難かった。もしお金と周囲の事情が許せば、線路をもっと延長して、長い距離を走らせたい、と夢はいくらでもふくらむ。

　その後、同じ小松市内の県立児童館（JR粟津駅の近く）でも、旧尾小屋鉄道のディーゼル機関車、ディーゼル・カー、客車を構内の線路の上で動かして保存してくれるようになったし、それの保存のための会も結成された。他の軽便鉄道がひっそりと消えて、車輛も施設も後に何も残らない例が多かったのに、尾小屋鉄道は恵まれた方と言うべきだろう。マニアの気まぐれではなく、歴史文化財の保存運動として、より広く一般の人に認められ、協力を得ることができるようになれば、もっと嬉しいのだが——これが私の未来への夢である。

文庫版あとがき

本書は一九九二（平成四）年四月に青蛙房から刊行された『鉄道ばんざい』のうちの、序章、第一、二、三、四章と終章を再録したものです。十五年もたっていますので、こまかい記述で訂正した部分がありますが、全体としては原本の内容をそのまま残しております。

さらに、本書の第二章「英語をまじえた鉄道物語」は、一九八七（昭和六二）年『中日新聞』に毎日曜日二十六回にわたって連載されたものが基になっています。第三章「ソフト・レイルウェイ」は、一九九〇（平成二）年から月刊誌『運輸と経済』（運輸調査局編集刊行）に六回連載したものに手を加えました。

どれもこれも書きたい放題のことを書かせていただいた文章ですから、私としては充分満足していて、いまさらここで言い足すことはありません。お礼の言葉をいくつか書き加えるだけに留めます。

この文庫版のために、特に「解説」を書いて下さった原武史さんに、まずお礼を申し上げます。お書きになったものはこれまで多く読んだことがあり、何回かお会いしてお話したこともありますが、お父さまが私と同じ年齢とは初めて知って驚きました。オレも年をとったなァと、わかりきったことですが、いまさらながら思い知らされました。この本の中にむかし話が多く入っているのは当然のことかもしれませんが、記述や用語などで、私としてはごく自然に記したつもりでいたことでも、いまの読者には不可解なものが多いかもしれないと反省しましたが、もう後のまつりです。こうした点についても、遠慮のないご批判を頂戴したく存じます。

例えば、序章の表題として使い、本書全体の表題にもなっている言葉を見て、何だこりゃ？　と思われた方もいらっしゃるかもしれません。私としてはわざわざ説明しなくても、内村鑑三の著書の表題『余は如何にして基督《キリスト》信徒となりし乎《か》』のパロディとわかっていただけると思っていたのですが、やはり、ここで正直に白状しておく方がよろしいでしょう。内村先生を茶化すとはけしからんとお叱りを受けるのは覚悟の上で。

本書を文庫化するに当たってお許しをいただいた青蛙房にも、お礼を申し上げる次第です。また、文庫化に際していろいろの助言、協力を賜った服部滋（ウェッジ編集部）さんと高崎俊夫さんにも感謝の言葉を捧げます。その他、イラストその他についてお世話になった方がたについては、お名前を省略しますが、お許しください。

というわけで、私にとって本書は仕事というよりは、楽しい遊びであった……なんぞとまたまた不謹慎なことを書いてしまいましたが、まさに偽らざる気持ちです。読んで下さる方も楽しい気分になりますことを切に祈ります。

二〇〇七年八月

小池　滋

解説

原　武史

大正後期から昭和初期にかけて生まれた男性には、鉄道好きが多いように思う。一九二〇（大正九）年生まれの阿川弘之、二六（大正十五）年生まれの宮脇俊三、三〇（昭和五）年生まれの原田勝正などが代表的といえよう。本書の著者、小池滋もまた三一（昭和六）年生まれで、この世代に属する。

単に鉄道好きが多いというだけではない。そこには世代特有の原体験というべきものが見られる。

例えば、貨物に対する特別な関心である。

貨物専用の品鶴線沿線に家があった小池滋は、貨物列車がこの線をゆっくりと通過してゆくのを眺めたところから、鉄道に対する興味が芽生えたという。昭和初期の少年たちにとって、貨物がどういう存在だったかは、山手線と貨物線が並行して走る渋谷―原宿間でよく遊んでいた宮脇俊三もこう述べている。「貨物列車は頻繁には走らなかった。だから、貨物列車が通るときは、子どもたちの遊びはいっせいに中断した」(『増補版時刻表昭和史』、角川文庫、二〇〇一年)。時刻表に出ておらず、どこからどこへ行くのかもわからない貨物列車は、少年たちの好奇心をかえってかき立てた。貨物の片隅に刻まれた見知らぬ地名は、彼らをして日本という国家の広がりを想像させたに違いない。

あるいは、列車が近づいてきたときに感じる、窓ガラスがビリビリ小刻みに震え出す音である。

真夜中に一人で目が覚めたとき、聞こえてくるその音が、闇に対する恐怖を和らげるばかりか、その音を待ちこがれる気持ちまで起こさせるというのは少々意外であった。しかし、広島駅の近くに住んでいた阿川弘之は、やはりこんなことを言っている。「受験勉強で夜更かししていると、うちの廊下のガラス戸がビリビリ震え出す。上り102列車という京都行きの普通列車(中略)それが近づいてくる音なんだ。そのすぐあと、またガラス戸がビリビリ、ビリビリ。これは2列車『富士』

上り東京行き各等特急」(『阿川弘之全集』第十七巻、新潮社、二〇〇六年)。
つまり列車を「見る」だけでなく、たとえ見えなくても、地面を通して伝わってくる音を「聞く」という体験を伴っているのが、大正～昭和初期生まれの世代に共通する特徴であった。

こうした原体験からであろうか、この世代の鉄道好きには、概していわゆるマニア特有の厭味が感じられない。言い換えれば、フェティシズムの傾向を免れている。もとより小池滋もその一人である。

経済史や経営史、もしくは政治史の研究対象に狭く限定されがちな鉄道というものを、広く文化の一つとしてとらえようとする視点は本書に一貫している。中でも私が非常に共感したのは、廃止されそうな鉄道の保存を訴えるばかりか、仲間たちとそれを実践していることであった。

ここには、日本の鉄道マニアに対する痛烈な批判がある。「日本では廃止される最後の日に、マニアが押しかけて写真をとり、記念キップを買ったり、記念品を集めたり大活躍をするが、廃止になった後は知らん顔というのが多い」。全くその通りである。宮脇俊三ですら、晩年は「廃線跡ブーム」の火付け役となったが、それがブームとなること自体がおかしいという視点を持つべきなのだ、と本書は語っているように見える。

日本のマニアの多くが国内の鉄道にしか興味がないのは、毎月いくつも出される鉄道雑誌を読めばわかる。そのほとんどは国内の話題で占められており、海外の話題は全くないか、あってもせいぜい巻末のほうで簡単に触れられるだけだ。日本の鉄道全線を完乗しようというマニアは無数にいるが、例えばイギリスや韓国で同じことをやろうという人はめったにいない。

この点でも、小池滋は全く異なる。

イギリス文学を専門としているから、常に日英両国の比較ができる。日本で鉄道の保存を訴える背景には、イギリスにそうした実例が多くあるのを知っているからだ。「英米のマニアは、一度廃止になったり、なりかけた赤字線を、自分たちアマチュアの手で生きかえらせせようと努力するのだ」。

だから、自分が「マニア」と呼ばれることを、小池滋は嫌がらない。だがそれは、断じて日本のマニアと同じ意味ではあるまい。「若いうちは若さとエネルギーを、年をとったら経験と知恵を（できればお金も）出し合って、死にかかっている鉄道を生き返らせ」ようとする人――それが、本書で言う真のマニアである。

最後に、私事にわたる話をさせていただく。

私の父親は、小池滋と同じ一九三一年の生まれで、育ったのは東京・新橋であった。小池滋が品川―大井町間で東海道本線や横須賀線を眺めたように、父親も新橋付近で同線を眺めたのが、鉄道好きになるきっかけだったという。本書で書かれた幼少期の体験の多くは、父親のそれに重なるものである。

私が生れたのは六二（昭和三十七）年。物心ついたときには、もう新幹線が開業し、SLは首都圏から消えていた。モータリゼーションの影響で、東京の都電も荒川線を除いて廃止された。東京から北海道や九州に行くには、飛行機に乗るのが当たり前になっていた。国鉄の赤字ローカル線は、次々に廃止されていった。

私が鉄道好きになったのは、いささか異様な父親からの英才？教育によるものである。幼稚園を卒業するまでに、北は稚内から南は鹿児島までの駅名を覚えさせられた。しかし、そこにはもはや、貨物の片隅に書かれた地名から国家を想像する体験もなければ、窓ガラスの震えを通して感知される列車の編成や行き先を想像する体験もなかった。具体的な体験を伴わない、駅名という記号の羅列だけを刷り込まれたのである。

残念ながら、わが家は西武線の駅からバスでしか行けない団地にあった。小池滋の世代に共通する原体験に近いものを反芻しようとすると、小学校の高学年になったあたりでようやく出てくる。私が思い出すのは、新宿駅に停車していた松本ゆき普通423列車である。電車が大半を占めていた当時の中央線にあって、この列車は珍しく、電気機関車が引っ張る客車列車であった。七四（昭和四十九）年から七五年にかけて、日本一乗降客の多い新宿駅の中央線ホームに一時間以上にわたって停車していた423列車に興味を覚えた私は、毎週日曜日、ボックス席に一人座り、弁当を食べながら想像をめぐらせた。

ただしその想像は、見知らぬ空間ではなく、過去という時間へと向かっていた。手動扉で窓枠の汚れた客車が、いかなる経緯をたどっていまここにあるのか。学校で習った戦前や戦時中、あるいは占領期といった時代に対する想像力が広がった。鉄道が小池滋に発祥の地であり、日本も指導を仰いだイギリスに対する関心を開かせたとすれば、私の場合、それは日本の近代に対する関心を開かせたといえるかもしれない。

いつの時代に育った子供にも、その時代特有の体験というのはある。だが小池滋の世代は、鉄道好きにとって最も幸せな世代だったのではないか。本書を読み、私は改めてこのことを痛感し、鉄道の黄金時代、すなわち、「省線」や「国鉄」という言葉が輝いていた昭和の時代に思いを馳せた。

（政治学者・明治学院大学教授）

写真協力＝(財)川喜多記念映画文化財団

本書は、一九九二年四月に青蛙房より刊行
された『鉄道ばんざい』を改題したものです。

ウェッジ文庫

余はいかにして鉄道愛好者となりしか

二〇〇七年十月三十一日　第一刷発行

著　者……小池　滋
発行者……松本　怜子
発行所……株式会社ウェッジ
〒101-0047
東京都千代田区内神田一-一三-七　四国ビル六階
TEL：03-5280-0528　FAX：03-5217-2661
http://www.wedge.co.jp　振替　00160-2-410636
装　丁……関原　直子
組　版……株式会社リリーフ・システムズ
印刷・製本所……図書印刷株式会社

※定価はカバーに表示してあります。
ISBN978-4-86310-010-7 C0195